A des-educação do negro

CARTER GODWIN WOODSON nasceu em 1875 na Virgínia, nos Estados Unidos. Foi historiador, jornalista e fundador da Associação para o Estudo da Vida e da História Afro-Americanas (ASALH, na sigla em inglês). Filho de ex-escravizados, Carter G. Woodson fez parte da primeira geração de negros nascidos livres nos Estados Unidos. Sua educação formal aconteceu de forma intermitente, por conta do trabalho constante que teve de executar em minas de carvão. Ele se formou em história no Berea College, obteve o título de mestre na Universidade de Chicago e o de doutor na Universidade Harvard — foi o segundo estudante negro a obter tal título, após W. E. B. Dubois. Além de professor do ensino básico, Woodson também foi supervisor de escolas e professor universitário na Universidade Howard. Ativista político altamente reconhecido, Woodson dedicou sua vida a estudar a história afro-americana do ponto de vista do negro, trazendo para o primeiro plano a atuação dessa população. Em 1926, Woodson deu início às comemorações da "Semana da história negra" nos Estados Unidos, alocada na segunda semana de fevereiro para coincidir com os aniversários de Abraham Lincoln e de Frederick Douglass. Em 1976, essa semana foi reconhecida pelo presidente dos Estados Unidos e transformada no "Mês da história negra", data importante tanto do calendário educacional americano quanto de outras mídias. Woodson faleceu de ataque cardíaco em 1950, aos 74 anos.

CARLOS ALBERTO MEDEIROS nasceu no Rio de Janeiro em 1947. Intelectual e militante do movimento negro, é graduado em comunicação e editoração pela Escola de Comunicação da Universidade Federal do Rio de Janeiro (UFRJ), é mestre em ciências jurídicas e sociais pela Universidade Federal Fluminense (UFF) e doutorando em história comparada no Instituto de Filosofia e Ciências Sociais da UFRJ. Autor de *Na lei e na raça: Legislação e relações raciais, Brasil — Estados Unidos*, e coautor de *Racismo, preconceito e intolerância*, foi também responsável pela tradução de mais de vinte obras do sociólogo Zygmunt Bauman para o português, incluindo *Amor líquido*, e também de *A autobiografia*, de Martin Luther King.

ANA LÚCIA SILVA SOUZA, ativista do movimento negro brasileiro, é professora na Universidade Federal da Bahia (UFBA), onde coordena o grupo de pesquisa Rasuras. Tem pós-doutorado em linguística aplicada pela Universidade de Brasília (UnB), doutorado em linguística aplicada pela Universidade de Campinas (Unicamp), mestrado em ciências sociais pela Pontifícia Universidade Católica de São Paulo (PUC-SP) e graduação em ciências políticas e sociais pela Escola de Sociologia e Política do Estado de São Paulo. Atualmente integra a Associação Brasileira de Pesquisadores/as Negros/as (ABPN).

Carter Godwin Woodson

A des-educação do negro

Tradução de
CARLOS ALBERTO MEDEIROS

Introdução de
ANA LÚCIA SILVA SOUZA

Copyright © 2021 by Penguin-Companhia das Letras
Copyright da introdução © 2020 by Ana Lúcia Silva Souza

*Grafia atualizada segundo o Acordo Ortográfico da Língua
Portuguesa de 1990, que entrou em vigor no Brasil em 2009.*

Penguin and the associated logo and trade dress are registered
and/or unregistered trademarks of Penguin Books Limited and/or
Penguin Group (usa) Inc. Used with permission.

Published by Companhia das Letras in association with
Penguin Group (usa) Inc.

TÍTULO ORIGINAL
The Mis-Education of the Negro

PREPARAÇÃO
Julia Passos

REVISÃO
Camila Saraiva
Carmen T. S. Costa

Dados Internacionais de Catalogação na Publicação (CIP)
(Câmara Brasileira do Livro, SP, Brasil)

Woodson, Carter Godwin
    A des-educação do negro / Carter Godwin Woodson ;
tradução de Carlos Alberto Medeiros ; introdução
de Ana Lúcia Silva Souza. — 1ª ed. — São Paulo :
Penguin-Companhia das Letras, 2021.

    Título original: The Mis-Education of the Negro.
    ISBN 978-85-8285-131-9

    1. Afro-americanos — Educação 2. Afro-americanos
— Condições sociais — Até 1964 3. Afro-americanos —
Empregos 1. Discriminação na educação — Estados Unidos
1. Souza, Ana Lúcia Silva 11. Título

20-52751   CDD-371.82996073

Índice para catálogo sistemático:
1. Afro-americanos : Estados Unidos : Educação
371.82996073

Maria Alice Ferreira — Bibliotecária — CRB–8/7964

[2021]
Todos os direitos desta edição reservados à
EDITORA SCHWARCZ S.A.
Rua Bandeira Paulista, 702, cj. 32
04532-002 — São Paulo — SP
Telefone: (11) 3707-3500
www.penguincompanhia.com.br
www.blogdacompanhia.com.br
www.companhiadasletras.com.br

Sumário

Introdução — Ana Lúcia Silva Souza   7

A DES-EDUCAÇÃO DO NEGRO   19

Introdução

ANA LÚCIA SILVA SOUZA

É preciso conhecer as diversas facetas da trajetória de Carter Godwin Woodson, educador e historiador afro-americano, para compreender melhor o vigor de sua tese em favor da emancipação do povo negro por meio do reconhecimento de seu importante papel na formação dos Estados Unidos.

A des-educação do negro aponta problemas, mas também apresenta uma solução. Trata-se de uma espécie de programa que apresenta os pontos fundamentais não apenas da educação escolar, mas também de uma educação ampla que pense outra forma de viver e que defenda os valores da história e da cultura negra.

Escrito em 1933, muitas das questões presentes nesta obra são válidas ainda hoje. Longe de ser um livro que fale apenas sobre os Estados Unidos da época, as soluções aqui apresentadas lançam olhares sobre vários outros contextos sociais, culturais e políticos da diáspora negra. E essa análise, fantástica em sua precisão, apresenta a semente para entendermos os efeitos que reverberam até os dias atuais.

Carter G. Woodson nasceu em 1875 no Condado de Buckingham, no estado americano da Virgínia, e é o quarto de sete filhos do casal Anna Eliza Riddle Woodson e

James Henry Woodson, ex-escravizados que apostaram na recém-liberdade de seus corpos como uma possibilidade de acumular grande riqueza. Carter, nascido doze anos após Abraham Lincoln assinar o Ato de Emancipação — que significou a libertação de milhões de escravizados nos Estados Unidos —, é parte da primeira geração de negros nascidos livres do país.

A família era sustentada pelos trabalhos do pai como carpinteiro e meeiro de fazenda. Woodson e os irmãos conheceram precocemente a realidade do trabalho e não puderam dedicar muito tempo à vida escolar. Embora a escolarização seja um dos poucos caminhos para melhorar a vida de quem é negro e pobre, ela não é garantia para que, de fato, isso aconteça. Mesmo assim, o Pai da História Negra, como Carter G. Woodson seria posteriormente conhecido, mostrou-se desde cedo um autodidata. Mesmo com pouca oportunidade de frequentar a escola na primeira infância, conseguia se dedicar aos estudos dentro de casa, uma vez que a religiosidade e a leitura de jornais faziam parte do seu cotidiano.

Em 1892, Woodson se muda para Huntington, na Virgínia, e tenta, sem sucesso, conciliar seu trabalho em uma mineradora de carvão com os estudos na escola secundária para negros Frederick Douglass. Apenas em 1895, já com vinte anos, é que ele consegue se dedicar em tempo integral aos estudos e finalizar o que seria hoje o ensino médio.

A perseverança, a disciplina e a observação foram aspectos centrais em sua trajetória, o que já indica uma particularidade de Woodson: para ele, essas habilidades não são necessariamente aprendidas no ambiente escolar, mas sim no âmbito familiar e comunitário. Dessa forma, esses dois espaços também são vistos como importantes locais de aprendizagem para a formação de um sujeito crítico, pois, segundo Woodson, de nada valem diplomas quando os ditos "instruídos", que frequentaram centros educacionais tradicionais, aprenderam uma história que não valo-

INTRODUÇÃO   9

riza os negros, que os faz desacreditar de si mesmos e os
deixa cegos para seu próprio potencial.

Ao conhecer um pouco mais sobre sua trajetória, é
possível entender que Woodson se propõe a ensinar para
pessoas negras o que aprendeu com sua vivência: a importância de ter força para driblar as adversidades e não se
deixar ser desinstruído por uma realidade perversa, que
propaga a ideia de que a negritude deforma o sujeito e o
coloca em um lugar de subserviência. Para ele, essa realidade pode inclusive levar à autossabotagem:

> Nenhum esforço sistemático em prol da mudança
> tem sido possível, pois, tendo aprendido as mesmas
> economia, história, filosofia, literatura e religião que
> estabeleceram o atual código moral, a mente do ne-
> gro foi colocada sob o controle de seu opressor. O
> problema de manter o negro por baixo é, portanto,
> resolvido com facilidade. Quando você controla o
> pensamento de uma pessoa, não precisa se preocupar
> com as suas ações. Não precisa lhe dizer para não
> ficar aqui ou se afastar. Ele vai encontrar seu "lugar
> adequado" e permanecer lá. Não precisa mandá-lo
> usar a porta dos fundos. Ele o fará sem que ordenem.
> Na verdade, se não houver porta dos fundos, ele vai
> criar uma. Sua educação torna isso necessário. (p. 26)

Desse modo, em sua proposta de uma nova educação, o
sujeito deve ser des-educado em relação à servidão e ser um
autodidata independentemente de onde esteja, sem baixar
a cabeça e sem permitir que lhe doutrinem a querer menos.
O posicionamento de Carter G. Woodson é firme.

> O autor não defende a visão antes comum de que em
> matéria de educação é correto que os negros estejam
> submetidos à vontade de outros, sob o pressuposto de
> que esses pobres coitados não são grandes contribuin-

tes e devem se contentar com colaborações caridosas para o seu desenvolvimento. O autor defende que o consumidor paga impostos e, dessa forma, todo indivíduo que pertence à ordem social deve ter oportunidades ilimitadas de se tornar o melhor de si. Essas oportunidades também não devem ser determinadas de fora para dentro por forças que direcionam o elemento proscrito de modo a apenas beneficiar os outros, mas sim ser determinadas pela constituição do próprio negro e por aquilo que seu ambiente exige. (p. 23-4)

Em 1897, ele começa a lecionar em Winona, no Minnesota, onde permanece até 1900. Tempos depois, torna-se diretor da escola onde havia se formado, a Frederick Douglass, e retoma os estudos para, em 1903, se tornar bacharel em literatura pelo Berea College no Kentucky.

Graduar-se é um passo importante na vida de Woodson, sobretudo considerando que ele conquista seu diploma antes de completar trinta anos, um grande feito nos Estados Unidos do início do século XX. Se ainda hoje conseguir um diploma de nível superior não é nada fácil para pessoas negras em todos os lugares do mundo, imagine como era nos Estados Unidos do início do século XX. A impressão que Woodson deixa é que, do bacharelado até o doutorado, não havia um ano sequer a perder. Woodson pode ser lido como um corpo improvável, daqueles como tantos que ainda hoje estão nas salas de aula e são desacreditados por sistemas educacionais que silenciosamente impedem jovens negros e pobres de estudar.

Depois de formado, Woodson trabalhou como supervisor em uma escola nas Filipinas de 1903 a 1907, um posto que lhe ofereceu uma posição privilegiada para observar o poder que a educação pode exercer. Essa experiência, inclusive, está presente neste livro, quando ele afirma que viu "exemplos notáveis de como as pessoas

INTRODUÇÃO

devem e não devem ser ensinadas". Ao mesclar suas memórias com o trabalho que exerceu em escolas, Woodson reconhece o fracasso de projetos que tentam forçar a população negra a obter um tipo de conhecimento que não lhes traz qualquer benefício:

> Sem uma verdadeira educação, temos pouquíssimas pessoas preparadas para ajudar os negros os quais elas se propõem a liderar. Essas pessoas não são todas homens e mulheres desonestos. Muitas são sinceras e acreditam que estão fazendo muito bem à raça ao mantê-la no atraso. É preciso despertá-las e mostrar-lhes o erro de suas ações.
>
> Temos muito poucos professores porque a maioria daqueles com que nos preocupamos nada sabe sobre as crianças a que devem ensinar ou sobre seus pais, que influenciam os alunos mais que os próprios professores. O menino que vai para a escola sem saber a lição deveria ser estudado em vez de punido. O menino que vai bem no começo do ano e fica para trás perto do final não deveria ser sempre censurado ou ridicularizado. Como regra, essas crianças não são responsáveis por seus fracassos. Seus pais e sua condição social são os principais culpados por essas deficiências. O professor negro, então, deve tratar a doença em vez de seus sintomas.
>
> Mas é possível esperar que professores revolucionem a ordem social para o bem da comunidade? De fato, é isso que devemos esperar. O sistema educacional de um país é inútil a menos que realize essa tarefa. (p. 143-4)

Para Woodson, a tarefa de educar em uma perspectiva da história negra é urgente. Ao retornar aos Estados Unidos em 1907, ele ingressa na Universidade de Chicago, onde cursa o mestrado e recebe premiações importantes por sua atuação acadêmica. Lá também passa a fazer parte de grupos negros, o que impulsionou ainda mais seu ativismo político em prol de uma educação que considerasse a história do negro como base para a emancipação.

Na Universidade Harvard, onde ingressou em 1912, Woodson obteve seu diploma de doutorado, tornando-se o primeiro filho de pais escravizados a ser doutor em história, além de ser o segundo estudante negro a receber o título pela instituição — o primeiro havia sido W. E. B. Du Bois. No entanto, apesar dos títulos e do reconhecimento, Woodson demorou para conseguir ocupar uma posição de destaque na área educacional. Mesmo após obter o grau de doutor em história, ele continuou a ensinar em escolas públicas de ensino básico. Foi somente em 1919 que ele integrou o corpo docente da Universidade Howard. Nesse ínterim, o ativista se juntou com pesquisadores que poderiam ser aliados para sua tese de educação e buscou apoio político e financeiro para estruturar espaços mais institucionalizados de discussão.

Em 1915, determinado a ver a história do negro ser contada em uma versão centrada no afro-americano, ele funda a Associação para o Estudo da Vida e da História Afro-Americanas (ASALH, na sigla em inglês), que tem como foco estudar e divulgar a história do negro não apenas nos Estados Unidos, mas no mundo todo, e se empenha em pesquisar e disseminar informações tanto para o público em geral como para a academia.

Nesse período, Woodson passa também a lançar periodicamente publicações sobre o tema e cria a "Semana da História Negra" — que mais tarde se tornaria o "Mês da História Negra", importante marco do calendário escolar dos Estados Unidos, que ganha relevância também para além do ambiente escolar.

Em 1921, depois de lecionar na Howard, Woodson deu mais um passo fundamental ao fundar a Associated Publisher Press, uma editora de afro-americanos que

INTRODUÇÃO   13

rompia com o padrão branco existente até então. Foi essa
editora a responsável por publicar este livro, assim como
tantos outros, abrindo um espaço inédito para a produção
intelectual negra — oportunidade que até hoje é difícil de
ser encontrada.

A DES-EDUCAÇÃO DO NEGRO

No início do prólogo deste livro, Woodson indica que as
ideias foram reunidas a partir de falas e artigos publicados
previamente. Ao longo de sua exposição, o autor afirma
que pretende se distanciar da dura escrita acadêmica tradicional; afinal, ele sempre quis encontrar um modo de
falar para todas as pessoas, sem que o público leitor precisasse ter alguma instrução prévia — o seu projeto de educação deveria ser compreendido em todo o mundo.

Woodson diz ainda que a sequência do livro foi pen-
sada de forma a mostrar "apenas o pensamento que se
desenvolveu ao passar de um para outro", ou seja, sem
maiores elaborações filosóficas. O livro é composto por
quase duas dezenas de textos cujos títulos expressam de
maneira precisa o tema a ser discutido.

Na primeira parte da obra, por meio da recuperação e
da análise crítica de aspectos histórico-sociais, Woodson
passa em revista todas as bases pelas quais a educação tradicional se torna ruim para o negro, mostrando os efeitos
e as consequências de não se levar em consideração a história do negro em sua amplitude e grandeza. Ao seguir esse
modelo, os negros seriam instruídos segundo o critério da
educação branca e racista, e, portanto, não seriam de fato
educados, pois não conseguiriam pensar na autonomia de
seu próprio povo.

Na segunda parte, Woodson formula um programa de
educação que propõe a ruptura com o sistema branco, não
só nas instituições escolares, mas em todas as searas da

sociedade (saúde, economia, direito, religião etc.). Mesmo vendo a escola como o principal locus de transformação, Woodson compreende a educação como um conceito amplo, que perpassa instituições. O autor propõe que o negro deve atuar mudando os paradigmas da estrutura racista em que está inserido. Na religião, por exemplo, Woodson propõe a des-educação dos sacerdotes que foram educados numa doutrina que, segundo ele, é obsoleta:

> Os sacerdotes que têm a confiança do povo devem, acima de tudo, entender as próprias pessoas. Devem descobrir o passado de seus paroquianos, se foram criados na Geórgia, no Alabama ou no Texas, se estão alojados em condições desejáveis, o que fazem para ganhar a vida, como fazem uso de seus rendimentos, como reagem ao mundo à sua volta, como utilizam seu tempo de lazer ou como se comportam em relação a outros elementos da ordem social. (p. 144-5)

Quanto à medicina, Woodson dedica grande atenção às questões de saúde, apontando os problemas e suas possíveis soluções. O que reverbera nestas páginas é a ideia de um projeto mundial para a saúde do negro, no campo intelectual e científico. Historicamente, a medicina está focada em descobrir curas para as doenças que assolam o Ocidente. No entanto, a pesquisa sobre enfermidades que são letais para o corpo negro (como tuberculose e anemia falciforme) caminham devagar e não encontram o devido investimento.

Woodson também confere grande ênfase às profundas desigualdades sociais e raciais vividas nos Estados Unidos e mostra como o processo de des-educação financeira é sentido pela população negra: aprende-se a gastar dinheiro muito mais rápido do que a ganhá-lo. Dessa forma, a compreensão do mundo financeiro também precisa fazer parte de um projeto coletivo de educação, suscitando novas maneiras de circular no mundo.

INTRODUÇÃO   15

Além disso, o ativista destaca a necessidade de se criar uma nova postura na política, cindindo com a prática da inserção e com a reprodução da lógica política solitária, individualizada e ocidental presente nos partidos brancos. Woodson sugere que o novo negro na política deve estar aliado a um projeto coletivo para a sua comunidade e estar aberto para ser apoiado pelos partidos, mas executar esse projeto de maneira independente deles. Por fim, a ideia que se repete com frequência em todas essas esferas é a de que em qualquer espaço devemos des-educar, sempre tratando a doença, ou seja, o sistema que subjuga pessoas negras.

Tais formulações de Woodson são polêmicas ainda hoje — inclusive em meados do século xx esses posicionamentos não eram livres de questionamento e críticas. Para alguns grupos e intelectuais, a ideia de uma história do negro — que marca as diferenças em busca da igualdade de direitos — não era, e continua não sendo, relevante. Ainda hoje cresce o número de pessoas que advogam o contrário, de maneira que o debate continua vivo e pulsante, fazendo as ideias de Woodson ressoarem no século xxi não apenas nos Estados Unidos, mas em todo o mundo.

O CONTEXTO BRASILEIRO

A des-educação do negro apresenta diversos elementos presentes no contexto brasileiro, em especial se considerarmos um marco legal importante para pensar a educação do negro no Brasil: a sanção da Lei 10639/03, de 2003, que altera a Lei 9396, vigente desde 1996, e que estabelece as diretrizes de base da educação nacional para incluir no currículo oficial de escolas públicas e particulares a obrigatoriedade do ensino da história e cultura afro-brasileiras. Essa mesma lei instituiu o dia 20 de novembro como o Dia Nacional da Consciência Negra, data em que se reverencia Zumbi dos Palmares e que propõe um movimento muito semelhante ao operado por Woodson nos Estados Unidos.

Essa mudança na legislação educacional é considerada uma das principais ações com potencial para alterar o quadro da desigualdade racial no Brasil. E, a partir dela, ainda que com tímidos avanços em nível nacional, mudanças podem ser vistas em algumas escolas, o que marca a importância de narrar a história do negro de uma perspectiva não eurocêntrica. Contudo, é preciso assinalar que há um longo caminho a ser percorrido para que a Lei 10 639/03 seja implementada, pois é necessário um investimento sistemático em formação docente, reformulações de currículo em diferentes áreas e o enraizamento do debate no cotidiano na vida de todas as pessoas, entre outros aspectos.

Os questionamentos presentes neste livro nos permitem refletir sobre a importância de nos apropriarmos da história a partir da narrativa negra, ainda muitas vezes silenciada, dando visibilidade a contribuições históricas, políticas, sociais e culturais que são fundamentais na construção da sociedade brasileira. É um direito das pessoas negras ter a sua história contada e seus heróis e suas heroínas exaltados, de modo que possam ter orgulho de seu corpo e de seu fenótipo. É importante que se diga que os ancestrais vieram do continente africano e que, portanto, não são descendentes de escravos, mas sim de um grupo com história e conhecimento próprios. Desse modo, também no Brasil temos que ser bem instruídos sobre a nossa própria história negra, como aponta Woodson.

Carter G. Woodson enfatiza a necessidade de usufruir dos direitos conquistados. Esse é um ponto importante para o caso brasileiro, um país que tem ainda uma democracia jovem e frágil, na qual o direito a se ter direito ainda é muito seletivo, o que gera efeitos danosos. Num território onde a maioria das pessoas se declara negra, de acordo com o IBGE, as políticas públicas ainda não são suficientemente pensadas para as especificidades da pluralidade das pessoas negras. Ler este livro no atual contexto brasileiro nos permite refletir sobre a importância da existência de políticas públicas reparatórias que, ao atender demandas históricas do movimento social negro, permite que seja contada uma história do negro, por negros e para negros.

Seria possível trazer diversos pontos fundamentais presentes na obra de Woodson para se pensar o Brasil. Contudo, acredito que o mais importante seja que, aqui, assim como nos Estados Unidos, os processos de escravização e das diásporas negras acabaram instalando valores nefastos na sociedade, como a competitividade, o individualismo e o consumismo. Woodson, muito sabiamente, alerta que a educação deve ser propositiva para um projeto coletivo, que eduque todos para uma vida melhor e des-eduque a lógica racista que vem reverberando no mundo há séculos.

A des-educação
do negro

Prólogo

As ideias reunidas neste volume foram apresentadas em palestras e artigos recentes escritos pelo autor. De tempos em tempos, pessoas interessadas no ponto de vista expresso aqui solicitaram que esses comentários sobre educação fossem disponibilizados em forma de livro. Este volume foi publicado para atender a essa demanda. Na preparação deste volume, o autor não seguiu detalhadamente as bases de suas reflexões. O objetivo é apresentar apenas o pensamento desenvolvido ao passar de um para outro. Dessa forma, evitou-se a repetição, exceto quando usada para enfatizar a tese defendida pelo autor.

Carter Godwin Woodson
Washington, D.C.
Janeiro de 1933

Prefácio

Aqui não estão registradas opiniões, mas reflexões de alguém que há quarenta anos participa da educação de pessoas negras, pardas, amarelas e brancas nos dois hemisférios e em regiões tropicais e temperadas. Ademais, essa experiência se deu com estudantes de todos os níveis, do jardim de infância à universidade. Além disso, o autor viajou pelo mundo a fim de observar não apenas sistemas escolares modernos em vários países, mas também para estudar os sistemas especiais adotados por governos e instituições privadas para educar nativos em suas colônias e possessões. Algumas dessas observações também foram confrontadas com estudos mais recentes realizados numa viagem posterior.

Ao discutir aqui os equívocos cometidos na educação do negro, o autor admite com franqueza que ele próprio cometeu alguns desses erros. Além disso, em vários capítulos ele especifica em que ponto se afastou do caminho da sabedoria. Assim, este livro não pretende ser um ataque a alguém ou a alguma categoria em particular, mas se propõe a ser uma forma de corrigir métodos que não têm produzido resultados satisfatórios.

O autor não defende a visão antes comum de que em matéria de educação é correto que os negros estejam submetidos à vontade de outros, sob o pressuposto de que esses pobres coitados não são grandes contribuintes e devem se contentar com colaborações caridosas para o seu desenvolvimento. O autor defende que o consumidor paga impostos e, dessa forma, todo indivíduo que pertence à ordem social deve ter oportunidades ilimitadas de se tornar o melhor de si. Essas oportunidades também não devem ser determinadas de fora para dentro por forças que direcionam o elemento proscrito de modo a apenas beneficiar os outros, mas sim ser determinadas pela constituição do próprio negro e por aquilo que seu ambiente exige.

O autor defende que esse novo programa de desenvolvimento não deve ser imposto pelo método de tentativa e erro na aplicação de instrumentos usados para lidar com outros numa situação diferente e em outra época. Só com o estudo cuidadoso do próprio negro e da vida que ele é forçado a levar é que podemos chegar a um procedimento adequado nessa crise. O simples compartilhamento de informações não é educação. Acima de tudo, o esforço deve resultar em capacitar o negro a pensar e a agir por si mesmo, exatamente como fazem os judeus apesar da perseguição universal de que são vítimas.

Ao avaliar dessa maneira os resultados obtidos pela chamada educação do negro, o autor não recorre aos dados censitários para mostrar o progresso da raça. Pode não ter importância nenhuma para a raça hoje poder se vangloriar de ter muito mais membros "instruídos" do que tinha em 1865. Se eles forem do tipo errado, o aumento dos números será uma desvantagem, e não uma vantagem. A única questão que nos preocupa aqui é se essas pessoas "instruídas" estão de fato equipadas para enfrentar o suplício diante de si ou contribuem inconscientemente para sua própria destruição ao perpetuarem o regime do opressor.

Não há aqui, contudo, um argumento em defesa da afirmação ouvida com frequência de que a educação deve significar uma coisa para o branco e outra para o negro. O elemento raça não é o ponto aqui. Trata-se apenas de usar o bom senso ao falar de pessoas considerando seu ambiente para enfrentar as condições tal como elas são, e não como você gostaria de vê-las ou imaginá-las. Pode haver uma diferença no método de ataque, mas o princípio permanece o mesmo.

Negros "altamente instruídos" rejeitam pessoas que defendem uma educação para os negros distinta em alguns aspectos daquela que é agora oferecida aos brancos. Negros que por tanto tempo se sentiram desconfortáveis ou tiveram oportunidades de desenvolvimento negadas têm naturalmente medo de qualquer coisa que pareça discriminação. Estão ansiosos para ter tudo que o homem branco tem, ainda que isso seja prejudicial. A possibilidade de uma originalidade do negro é, assim, 100% descartada a fim de que se mantenha uma aparente igualdade. Se os brancos decidem se tornar mórmons, os negros devem segui-los. Se os brancos desvalorizam tal estudo, os negros devem fazer o mesmo.

O autor, no entanto, não tem essa atitude. Considera o sistema educacional, tal como como foi desenvolvido na Europa e nos Estados Unidos, um processo antiquado que não atinge seus objetivos mesmo no caso das necessidades do próprio homem branco. Se este deseja se apegar a ele, que o faça; mas o negro, na medida de suas possibilidades, deveria desenvolver e implementar um programa que seja seu.

Contudo, a chamada educação moderna, com todos os seus defeitos, traz muito mais benefícios a outros do que ao negro, pois foi elaborada em conformidade com as necessidades daqueles que escravizaram e oprimiram povos mais fracos. Por exemplo, a filosofia e a ética resultantes de nosso sistema educacional justificaram a escravidão, os trabalhos forçados, a segregação e os linchamentos. O opressor tem o direito de explorar, prejudicar e matar o oprimido. Negros educados de modo regular segundo os princípios dessa religião do mais forte aceitam a condição de fraco como resultado de uma orientação divina, e durante as três últimas gerações de sua liberdade formal praticamente não fizeram nada para mudá-la. Os arrufos e as resoluções a que se entregam alguns membros da raça têm sido de pouca valia.

Nenhum esforço sistemático em prol da mudança foi possível, pois, ao aprender as mesmas economia, história, filosofia, literatura e religião que estabeleceram o atual código moral, a mente do negro foi colocada sob o controle de seu opressor. O problema de manter o negro por baixo é, portanto, resolvido com facilidade. Quando você controla o pensamento de uma pessoa, não precisa se preocupar com as suas ações. Não precisa lhe dizer para não ficar aqui ou se afastar. Ele vai encontrar seu "lugar adequado" e permanecer lá. Não precisa mandá-lo usar a porta dos fundos. Ele o fará sem que ordenem. Na verdade, se não houver porta dos fundos, ele vai criar uma. Sua educação torna isso necessário.

O mesmo processo educacional que inspira e estimula o opressor com a ideia de que ele é tudo e conseguiu tudo que vale a pena, ao mesmo tempo, deprime e esmaga a centelha do gênio do negro fazendo-o sentir que sua raça não tem muito valor e que ele nunca alcançará os padrões de outros povos. O negro educado dessa forma é uma desvantagem irremediável para a raça.

A dificuldade é que o "negro instruído" é obrigado a viver e a circular entre o seu próprio povo, que ele foi ensinado a desprezar. Como regra, portanto, o "negro instruído" prefere comprar seus alimentos no armazém de um branco porque lhe ensinaram que o negro não é limpo. Não importa quantas vezes o negro lave as mãos, ele não pode limpá-las, assim como não importa com que frequência o branco use as suas, ele não poderá sujá-las. Além disso, o negro instruído tende a não fazer parte de empresas de negros, pois lhe ensinaram em economia que negros não podem operar nessa esfera em particular.

O "negro instruído" obtém cada vez menos prazer na igreja negra, não por causa do primitivismo e da crescente corrupção dessa instituição, mas por causa da preferência dele pelas posições de "retidão" controladas por seu opressor. Essa foi sua educação, e nada mais se pode esperar dele.

Se o "negro instruído" conseguisse sair pela tangente e ser branco, ele poderia ser feliz, mas apenas um mulato aqui e ali consegue fazer isso. A grande maioria de sua categoria, então, deve passar a vida rejeitando pessoas brancas porque estão tentando fugir dos negros e insultando os negros por não serem brancos.

A raiz do problema

Os "negros instruídos" têm uma atitude de desprezo em relação ao seu povo porque em suas próprias escolas e nas escolas mistas os negros aprendem a admirar os hebreus, os gregos, os romanos e os teutões, e a depreciar os africanos. Das centenas de escolas negras de ensino médio recentemente examinadas por um especialista do Departamento de Educação dos Estados Unidos, apenas dezoito oferecem um curso dedicado à história do negro, e na maioria das faculdades e das universidades negras onde esse tema é analisado, a raça é estudada apenas como um problema ou é rejeitada como um fenômeno com poucas consequências. Por exemplo, um funcionário de uma universidade negra, pensando que deveriam acrescentar um curso sobre o negro, chamou um docente negro com doutorado em filosofia para lhe oferecer esse trabalho. Este na mesma hora informou ao funcionário que não sabia nada sobre o negro. Não tinha frequentado a escola para perder tempo com isso. Fora educado num sistema que despreza o negro como alguém nulo.

Há dois anos, numa escola de verão negra, um professor branco deu um curso sobre o negro usando um texto que ensina que os brancos são superiores a eles. Quando um dos alunos lhe perguntou por que usava um texto assim, o professor respondeu que desejava que eles aprendessem esse ponto de vista. Mesmo as escolas para negros, portanto, são lugares em que estes devem ser convencidos de sua inferioridade.

A ideia da inferioridade do negro lhe é instilada em quase todas as turmas que frequenta e em quase todos os livros que estuda. Se por acaso ele sair da escola depois de dominar o essencial e antes de concluir o ensino médio ou entrar na faculdade, vai naturalmente escapar de alguns desses vieses e pode se recuperar a tempo de servir ao seu povo.

Quase todos os negros bem-sucedidos neste país são do tipo que tem pouca ou nenhuma educação formal. Os negros que concluíram seus estudos em nossas melhores faculdades, em sua ampla maioria, são praticamente inúteis no que se refere ao desenvolvimento de seu povo. Se, depois de saírem da escola, eles têm a oportunidade de passar aos negros aquilo que os difamadores da raça gostariam que lhes fosse ensinado, essas pessoas podem assim ganhar a vida lecionando ou pregando o que aprenderam, mas nunca se tornam uma força construtiva para o desenvolvimento da raça. O que se chama de escola, então, torna-se um fator questionável na vida desse povo desprezado.

Como alguém muito bem disse, prejudicar um estudante lhe ensinando que seu rosto negro é uma maldição e que seu esforço para mudar de condição é inútil constitui o pior tipo de linchamento. Mata as aspirações da pessoa e a condena à vagabundagem e ao crime. É estranho, então, que os amigos da verdade e os promotores da liberdade não se tenham revoltado contra a atual propaganda nas escolas e a pulverizado. Essa cruzada é muito mais importante que o movimento contra os linchamentos, pois estes não aconteceriam se não tivessem início na sala de aula. Por que não explorar, escravizar ou exterminar uma categoria que todos aprendem a encarar como inferior?

Para ser mais claro, precisamos ir à raiz do problema. Nossos acadêmicos mais conhecidos estudaram em universidades fora do Sul dos Estados Unidos. Instituições do Norte e do Oeste, contudo, não tiveram tempo de tratar de assuntos, em especial, que digam respeito ao negro. Precisam dirigir sua atenção aos problemas da maioria de seus habitantes, e muitas vezes estimularam seu próprio preconceito ao se referir ao negro como indigno de consideração. A maior parte do que essas universidades oferecem em termos de linguagem, de matemática e de ciência pode servir a um bom propósito, mas o que ensinam em economia, história, literatura, religião e filosofia é propaganda e conversa fiada que envolve perda de tempo e orienta de maneira equivocada os negros submetidos a esse tipo de ensino.

E mesmo na segurança da ciência ou da matemática é lamentável que a abordagem do negro seja emprestada de um método "externo". Por exemplo, o ensino de aritmética no quinto ano de um condado atrasado do Mississippi deve significar uma coisa numa escola negra e outra, claramente diferente, na escola de brancos. As crianças negras, em geral, vêm de lares de meeiros e peões obrigados a migrar todo ano de uma plantação para outra, em busca de uma luz que nunca viram. As crianças dos lares de fazendeiros e comerciantes vivem permanentemente em meio a cálculos, orçamentos familiares e coisas semelhantes, o que por vezes as habilita a aprender mais por contato do que o negro pode conseguir na escola. Em vez de as crianças negras receberem menos ensino de aritmética, elas deveriam aprender muito mais da matéria do que as crianças brancas, já que estas vão a uma escola fundamental reforçada pelo transporte gratuito, enquanto os negros frequentam choupanas alugadas de um só cômodo, onde são ensinadas sem equipamentos e por professores incompetentes que mal passaram do oitavo ano.

Nas escolas de teologia, os negros aprendem a interpretação da Bíblia elaborada por aqueles que justificaram a segregação e fecharam os olhos para a degradação do negro, por vezes quase chegando à inanição. Oriundo do senso do que é certo nesse tipo de ensino, quem se forma nessas escolas não tem uma mensagem a passar para quem eles foram insuficientemente treinados para servir. A maioria desses sacerdotes des-educados, portanto, prega no vazio, enquanto pregadores negros analfabetos fazem o melhor possível para atender às necessidades espirituais das massas.

Nas escolas de administração de empresas, negros aprendem exclusivamente a psicologia e a economia de Wall Street e, portanto, desprezam as oportunidades de conduzir carros de gelo, empurrar carroças de bananas e vender amendoins para seu próprio povo. Pessoas de fora, que não estudaram economia mas estudaram os negros, assumem esses negócios e ficam ricas.

Nas escolas de jornalismo, os negros aprendem a editar jornais de grandes cidades como o *Chicago Tribune* e o *New York Times*, que dificilmente empregariam um negro como zelador; quando esses diplomados buscam emprego nos veículos negros, não estão preparados para trabalhar nesses estabelecimentos, que, para terem sucesso, precisam estar baseados num conhecimento exato da psicologia e da filosofia do negro.

Assim, quando um negro conclui seus estudos em uma de nossas escolas, ele está equipado para começar a vida de um homem branco americanizado ou europeizado, mas, antes de pôr os pés para fora de sua *alma mater*, seus professores lhe dizem que deve voltar para seu próprio povo, do qual foi afastado por uma visão de ideais que, em sua desilusão, ele vai perceber que não pode atingir. Ele segue em frente para desempenhar seu papel na vida, mas precisa ser simultaneamente sociável e bi-sociável. Ao mesmo tempo que faz parte do corpo político, ele é também membro de uma raça específica à qual deve se conter em todas as questões sociais. Ao mesmo tempo que serve ao seu país, deve servir no seio de um grupo especial. Ao mesmo tempo que é um bom americano, deve ser, acima de tudo, um "bom negro"; e para desempenhar determinada função, deve aprender a permanecer num "lugar de negro".

Para a árdua tarefa de servir a uma raça prejudicada desse modo, contudo, o negro diplomado teve pouco ou nenhum treinamento. O povo a que se ordena que ele sirva foi menosprezado por seus professores a tal ponto que ele dificilmente pode sentir prazer em realizar o que sua educação o levou a considerar impossível. Considerando, assim, sua raça como um vazio de realizações, ele estimula que ela imite os outros. O desempenho se mantém por algum tempo; mas, como qualquer outro esforço de imitação sem sentido, isso resulta em fracasso.

Enfrentando esse resultado indesejável, o negro com educação superior com frequência cai na amargura. Torna-se demasiadamente pessimista para ser uma força construtiva e em geral vira um censurador crônico ou um queixoso no tribunal da opinião pública. Muitas vezes, quando percebe que a falha recai sobre o opressor branco que ele tem medo de atacar, se volta contra o negro vanguardista que está no trabalho fazendo o melhor possível para se libertar de um dilema desconfortável.

Contudo, mesmo nesse esforço de imitar, essas "pessoas instruídas" são sinceras. Esperam fazer com que o negro rapidamente se ajuste ao padrão dos brancos, eliminando assim o pretexto para as barreiras entre as raças. Não percebem, contudo, que, ainda que os negros sejam bem-sucedidos em imitar os brancos, nada de novo terá sido conquistado com isso. Você apenas tem um número maior de pessoas fazendo o que outras já faziam. Os dons incomuns da raça não foram assim desenvolvidos, e um mundo reticente continua, portanto, a imaginar para que serve o negro.

Essas pessoas "instruídas", no entanto, depreciam algo como a consciência racial; e de certo modo estão certas.

Não gostam de ouvir expressões como "literatura negra", "poesia negra", "arte africana" ou "pensamento negro"; e, grosso modo, devemos reconhecer que essas coisas não existem. Não estão presentes nos cursos que elas frequentaram na escola, e por que deveriam? "Não somos todos americanos? Então, o que é americano é tanto a herança do negro como a de qualquer outro grupo neste país."

Os "altamente instruídos" defendem, além disso, que quando o negro enfatiza essas coisas ele estimula a discriminação racial ao reconhecer essa diferenciação entre as raças. A ideia de que o negro é uma coisa e o branco é outra é o recurso argumentativo deste último para justificar a segregação. Por que, então, o negro deveria culpar o branco por fazer o que ele mesmo faz?

Mas esses negros "altamente instruídos" não conseguem perceber que não é o negro que assume essa posição. O homem branco o força a isso e, para se desprender do líder negro, ele deve então tratar a situação de modo a desenvolver no grupo segregado o poder com o qual podem elevar a si mesmos. A diferenciação de raças, além disso, não é prova de superioridade ou inferioridade. Indica apenas que cada raça tem certos dons que outras não possuem. É pelo desenvolvimento desses dons que cada raça deve justificar seu direito de existir.

Como perdemos a deixa

O modo como chegamos à situação atual só pode ser entendido pelo estudo das forças que foram efetivas no desenvolvimento da educação do negro desde que ela começou a ser sistematicamente executada logo depois da Emancipação. Apenas apontar os defeitos tal como se apresentam hoje trará poucos benefícios para as gerações atuais e futuras. Essas coisas devem ser vistas em seu cenário histórico. As condições atuais foram determinadas pelo que ocorreu no passado, e num cuidadoso estudo dessa história podemos ver mais claramente o teatro de eventos em que o negro desempenhou um papel. Podemos entender melhor qual tem sido esse papel e quão bem o negro funcionou nele.

A ideia de educar os negros após a Guerra Civil foi amplamente uma proposta da filantropia. Seus vizinhos brancos tinham falhado em assumir essa responsabilidade. A libertação dessas pessoas negras foi resultado de um conflito separatista do qual seus antigos donos tinham emergido como vítimas. Dessa classe, portanto, os libertos não podiam esperar muita solidariedade ou cooperação no esforço de se prepararem para figurar como cidadãos de uma república moderna. De funcionários do próprio governo norte-americano e daqueles que participaram da vitória sobre os separatistas veio primeiro o plano de ensinar os libertos a realizarem as tarefas simples da vida, tal como elaborado pela Agência dos Libertos e por instituições filantrópicas. Quando foi sistematizado, esse esforço se tornou um programa voltado à organização de igrejas e escolas, que seriam conduzidas segundo linhas que haviam sido tomadas como as melhores para levar ao progresso pessoas que de outra forma seriam consideradas como parte de uma condição especial. Aqui e ali se introduziram algumas variações nesse programa em vista do fato de que a condição dos libertos não era em nada semelhante à de seus amigos e professores, mas essa visão não era geral. Quando os negros, de alguma forma, aprendessem a realizar as tarefas que outros elementos da população se haviam preparado para dispensar, eles estariam plenamente qualificados, como se acreditava, para funcionar como cidadãos do país.

Ademais, visto que a maioria dos negros vivia no Sul agrícola e apenas alguns deles tinham, de início, adquirido pequenas fazendas, pouco havia em suas vidas que uma pessoa capaz de pensar não entendesse facilmente. A pobreza que os afligiu por uma geração após a Emancipação manteve-os no nível mais baixo da sociedade, livres na teoria, mas economicamente escravizados. A participação de libertos no governo por alguns anos durante o período conhecido como Reconstrução teve pouca relevância para sua condição, exceto pelo fato de se juntarem aos brancos pobres sem instrução para trazer certas reformas sociais muito desejadas, em especial proporcionando ao Sul seu primeiro plano de educação democrática com um sistema escolar sustentado com recursos públicos.

Nem esse sistema escolar inadequadamente sustentado nem as resilientes instituições de educação superior de estilo clássico estabelecidas na mesma época, contudo, aproximaram os negros da vida como ela era. Essas instituições estavam mais preocupadas com a vida que elas esperavam construir. Quando o negro se viu privado de influência na política, portanto, e ao mesmo tempo despreparado para participar das altas funções no desenvolvimento industrial pelo qual o país estava passando, logo se tornou evidente para ele que estava perdendo terreno nas coisas básicas da vida. Estava gastando seu tempo estudando sobre o que tinha sido ou poderia ser, mas aprendendo pouco sobre o que o ajudaria a desempenhar melhor as tarefas disponíveis. Como os negros acreditavam que as causas dessa condição desfavorável não se relacionavam à questão de raça, tentou-se a migração, e a emigração para a África foi mais uma vez encorajada. Nesse momento psicológico veio a onda da educação industrial que varreu o país como uma tempestade. As autoridades educacionais das cidades e dos estados de todo o Cinturão Negro começaram a mudar o curso dos estudos para fazer com que a educação do negro se ajustasse a essa política.

Mas os professores missionários do Norte, em defesa de sua ideia de um ensino mais liberal, atacaram ferozmente essa nova política educacional; e os negros participantes dessa disputa se colocaram de um lado ou de outro. A partir daí, por uma geração, o debate sobre se o negro deveria ter uma educação clássica ou prática foi um tema prevalecente nas escolas e nas igrejas negras por todos os Estados Unidos. O trabalho, afirmava-se, era a coisa mais importante da vida; a educação prática contribuía para esse objetivo; e o trabalhador negro devia ser ensinado a resolver esse problema da eficiência antes de dirigir sua atenção para outras coisas.

Outros, de mente mais estreita do que os defensores da educação industrial, agarraram-se a essa ideia, considerando que, embora o negro deva ter algo semelhante a uma educação, seria importante estabelecer uma distinção entre o ensino oferecido aos negros e aquele ministrado aos brancos. À medida que a ideia da educação industrial ganhava terreno rapidamente, muitos negros também começaram a adotá-la por motivos políticos; e escolas e faculdades que esperavam, dessa forma, obter dinheiro elaboraram cláusulas provisórias adequadas a esse tipo de ensino, embora não pudessem oferecê-lo de modo satisfatório. Umas poucas escolas industriais autênticas realmente se equiparam para esse trabalho e produziram certo número de diplomados com esse tipo de preparo.

Infelizmente, porém, o tema resultou numa espécie de guerra de palavras, pois, apesar de tudo que a maioria dos negros disse e fez, os que de fato empreenderam algum esforço para obter uma educação de verdade não a receberam, fosse ela industrial ou clássica. Negros frequentaram escolas industriais, fizeram seus estudos tal como fora prescrito e receberam seus diplomas; mas poucos deles desenvolveram uma eficiência adequada para se capacitar a fazer aquilo para que tinham sido supostamente preparados. As escolas em que estudaram não conseguiam fornecer toda a experiência com o maquinário que os aprendizes brancos treinados em fábricas possuíam.

Assim, a educação industrial que esses negros receberam se destinava apenas a dominar uma técnica que já fora descartada nos centros avançados; e, mesmo no que se refere a operações industriais menos complicadas, essas escolas não tinham instalações que permitissem reproduzir os numerosos processos de fábricas conduzidas no plano da divisão do trabalho. Desse modo, exceto pelo valor que esse treinamento pode ter no desenvolvimento da mente ao fazer aplicações práticas da matemática e da ciência, ele foi um fracasso.

Portanto, a maioria dos negros diplomados por escolas industriais enveredou por outros caminhos, e muitas vezes para os que não tinham tido nenhum tipo de preparação. Os poucos que de fato se prepararam para a esfera industrial por esforço próprio também buscaram outras ocupações, porque os negros eram em geral impedidos de alcançar posições melhores em função dos sindicatos; e, sendo incapazes de produzir líderes empresariais para aumentar a demanda por pessoas nessas áreas, os negros não conseguiram usufruir de muitas dessas oportunidades.

Durante esses anos, também, as escolas que ofereciam uma educação clássica para negros não conseguiram resultados melhores. Elas tinham atuado com base na ideia de que toda pessoa ambiciosa precisa de uma educação liberal, quando, na verdade, uma coisa não segue necessariamente a outra. O negro com preparo nas fases avançadas da literatura, da filosofia e da política não consegue ir muito longe utilizando esse conhecimento por ter de atuar nas esferas inferiores da ordem social. O conhecimento avançado em ciência, matemática e línguas, além disso, não é muito mais útil, exceto pela disciplina mental, devido à carência de oportunidades para aplicá-lo entre pessoas que, em grande parte, eram trabalhadores urbanos comuns ou peões em plantações. O grau em que essa educação superior foi bem-sucedida em fazer o negro pensar, que é, acima de tudo, o principal propósito da educação, só conseguiu torná-lo mais descontente quando sente a tendência das coisas e percebe a impossibilidade de ter sucesso ao avaliar as condições como elas são.

É muito claro, portanto, que não temos hoje na vida do negro um grande número de pessoas que foram beneficiadas por um dos dois sistemas de ensino que por tanto tempo discutimos. O número de negros mecânicos e artesãos tem, em comparação, diminuído nas duas últimas gerações. Os negros não representam proporcionalmente tantos trabalhadores qualificados quanto antes da Guerra Civil. Se a educação prática que os negros receberam ajudou a melhorar a situação, de modo a que ela não seja hoje pior do que já foi, sem dúvida não resolveu o problema da forma como se esperava.

Por outro lado, a despeito do volume de educação clássica que os negros receberam, não encontramos na raça um vasto suprimento de pensadores e filósofos. Uma desculpa é que a escolaridade dos negros tem sido prejudicada, pois todos precisam combater a segregação e lutar para manter suas posições no conflito entre as raças.

Em comparação, poucos negros americanos produziram uma literatura respeitável, e menos ainda deram alguma contribuição importante para a filosofia ou a ciência. Eles não chegaram ao nível de homens negros mais afastados das influências da escravidão e da segregação. Por esse motivo não encontramos entre os negros americanos um Púchkin, um Gomez, um Geoffrey, um Captein ou um Dumas. Mesmo homens como Roland Hayes e Henry O. Tanner atingiram os níveis mais elevados saindo deste país para se livrarem de nossas tradições sufocantes e se recuperarem da educação que receberam.

Como nos afastamos da verdade

Como foi, então, que a educação do negro tomou esse rumo? As pessoas que mantinham escolas para a educação de certos negros antes da Guerra Civil sem dúvida eram sinceras; assim como os trabalhadores missionários que foram para o Sul a fim de orientar os libertos depois de os resultados desse conflito terem dado aos negros uma nova condição. Esses trabalhadores sinceros, contudo, tinham mais entusiasmo do que conhecimento. Não compreendiam a tarefa que tinham pela frente. Essa operação foi também mais um esforço visando à ascensão social do que a verdadeira educação. Seu objetivo era transformar os negros, não desenvolvê-los. Os libertos que seriam orientados não foram muito considerados, pois os melhores amigos da raça, eles próprios submetidos a um ensino deficiente, seguiram os currículos tradicionais da época, que não levavam em conta o negro, exceto para condená-lo ou ter pena dele.

Em geografia, as raças são descritas de acordo com o programa de propaganda usual para provocar nos brancos um ódio racial pelo negro, e nos negros, o desprezo por si mesmos. Um poeta consagrado foi selecionado para ilustrar as características físicas da raça branca; um chefe tribal ornamentado, as da vermelha; um guerreiro orgulhoso, as da parda; um príncipe, as da amarela; e um selvagem com uma argola no nariz, as do negro, que evidentemente se situava na base da escala social.

A descrição das várias partes do mundo funcionava de acordo com o mesmo plano. As regiões habitadas por caucasianos eram tratadas em detalhes. Menos atenção era dada ao povo amarelo, menos ainda ao vermelho, muito pouca ao pardo e praticamente nada à raça negra. As pessoas que estavam muito distantes das características físicas dos caucasianos ou que não os ajudam em termos materiais na dominação ou exploração de outras não eram mencionadas, exceto para serem inferiorizadas ou aviltadas.

Do ensino da ciência, o negro foi igualmente eliminado. As fases preliminares da ciência em várias partes do Oriente eram mencionadas, mas os avanços iniciais dos africanos nessa área eram omitidos. Não se contava aos estudantes que os antigos africanos do interior tinham um conhecimento suficiente sobre ciência para produzir venenos para as pontas das flechas, para misturar cores indeléveis nas pinturas, para extrair metais da natureza e refiná-los para o desenvolvimento das artes industriais. Muito pouco se dizia sobre a química usada no método do embalsamamento egípcio, que era o produto da mistura de raças do Norte da África, agora conhecidas no mundo moderno como "pessoas de cor".

No ensino da língua na escola, os alunos eram induzidos a zombar do dialeto negro como uma característica peculiar que deveriam desprezar, e não orientados a estudar a origem desse idioma como uma língua africana deturpada — em suma, a entender sua própria história linguística, decerto mais importante para eles do que o estudo da fonética francesa ou da gramática histórica espanhola. Não era dada nenhuma atenção à língua africana em si, exceto no caso da preparação de comerciantes, missionários e funcionários públicos para explorarem os nativos. O número de pessoas treinadas desse modo, é evidente, constituía uma pequena fração que dificilmente mereceria atenção.

O africano era totalmente excluído da literatura. Não se supunha que ele tivesse expressado algum pensamento digno de ser conhecido. A filosofia presente nos provérbios africanos e no rico folclore daquele continente era ignorada, dando-se preferência à que foi desenvolvida nas praias distantes do Mediterrâneo. Muitos dos professores missionários dos libertos, assim como a maioria dos homens de nossa época, nunca tinham lido os interessantes livros sobre viagens pela África nem ouvido falar do *Tarikh Es-Soudan*.*

No ensino das belas-artes, esses instrutores geralmente começavam pela Grécia, mostrando como essa arte teve influências externas, mas omitindo a influência africana que cientistas agora veem como significativa e predominante na antiga Hellas. Eles deixavam de ensinar ao estudante sobre o Caldeirão Cultural Mediterrâneo, com os negros da África trazendo suas mercadorias, suas ideias e seu sangue para influenciar a história da Grécia, de Cartago e de Roma. Fazendo do desejo a matriz do pensamento, esses professores ignoravam tais influências ou se esforçavam por menosprezá-las, desenvolvendo teorias contrárias.

A distorção não parou nesse ponto, pois invadiu o ensino das profissões. Estudantes negros de direito eram informados de que pertenciam ao elemento mais criminoso do país; e foi feito um esforço para justificar o procedimento injusto, em que a lei era interpretada de um jeito para o branco e de outro para o negro. No direito constitucional, a pusilanimidade da Suprema Corte americana em permitir a anulação judicial da 14ª e da 15ª Emendas era e ainda é audaciosamente sustentada em nossas poucas escolas de direito.

---

* Referência ao chamado Sudão Ocidental, onde se desenvolveram o Reino de Gana, o Império do Mali e o Império Songai, cuja riqueza se baseava no ouro e no sal. (N. T.)

Nas escolas de medicina, os negros eram, da mesma forma, convencidos de sua inferioridade ao serem lembrados de seu papel como portadores de germes. A prevalência da sífilis e da tuberculose entre os negros era especialmente enfatizada sem que se mostrasse que tais moléstias causavam mais mortes entre os negros por serem doenças caucasianas; e como essas pragas são novas para os negros, esses doentes não tinham conseguido desenvolver a imunidade contra elas que o tempo havia proporcionado aos caucasianos. Outras doenças que atingem com facilidade os negros eram mencionadas para apontar a raça como um elemento indesejável, quando essa condição se relacionava a seu status econômico e social. Dava-se pouca ênfase à imunidade do negro a doenças como a febre amarela e a gripe, tão desastrosas entre os brancos. Sim, os brancos não eram considerados inferiores por terem menos resistência a essas pragas.

Em história, evidentemente, o negro não tinha lugar no currículo. Era apresentado como um ser humano de ordem inferior, incapaz de submeter a paixão à razão e, portanto, útil apenas quando transformado em talhador de madeira e em carregador de água para os outros. Não havia espaço para a história da África, exceto como campo de exploração para os caucasianos. Você podia estudar a história tal como era ensinada em nosso sistema, desde a escola fundamental até a universidade, e nunca ouviria uma menção à África, a não ser negativa. Assim, jamais aprenderia que os africanos foram os primeiros a domesticar ovelhas, cabras e vacas, a desenvolver a ideia de julgamento por júri, a produzir instrumentos de corda e a dar ao mundo sua maior bênção com a descoberta do ferro. Nunca saberia que antes da invasão muçulmana, por volta do ano 1000 d.C., esses nativos do coração da África tinham construído reinos poderosos que mais tarde se organizaram como o Império Songai, da mesma categoria que o dos romanos e ostentando uma grandeza semelhante.

Assim, diferentemente de outros povos, o negro, de acordo com esse ponto de vista, era uma exceção ao plano natural das coisas e não tinha como missão oferecer uma contribuição excepcional à cultura. Dessa forma, a condição do negro era justamente estabelecida como a de um inferior. Os professores dos negros nas primeiras escolas após a Emancipação não proclamavam uma doutrina desse tipo, mas o conteúdo de seus currículos justificava tais conclusões.

Um observador de fora naturalmente pergunta por que os negros, muitos dos quais serviam a sua raça como professores, não contestaram esse programa. Esses professores, contudo, são impotentes. Os negros não têm controle sobre sua educação e quase não são ouvidos em outros assuntos pertinentes. São poucos os casos em que negros foram escolhidos como membros de conselhos de educação pública, e alguns foram nomeados para conselhos privados, mas estes são uma minoria tão exígua que não tem impacto na elaboração final do programa educacional. A educação dos negros, então, está quase inteiramente nas mãos daqueles que os escravizaram e agora os segregam.

Com os próprios "negros des-educados" no controle, contudo, é duvidoso que o sistema fosse muito diferente do que é ou que passasse rapidamente por uma mudança. Os negros colocados desse modo no controle seriam produtos do mesmo sistema e não mostrariam maior compreensão da tarefa a seu encargo do que os brancos que os educaram e modelaram suas mentes como gostariam que funcionassem. Os educadores negros de hoje podem ter mais solidariedade e interesse pela raça do que os brancos que atualmente exploram as instituições negras como educadores, mas não têm uma visão mais ampla do que seus concorrentes. Ensinados a partir de livros com o mesmo viés, treinados por caucasianos com os mesmos preconceitos ou por negros cujas mentes foram escravizadas, gerações de professores negros têm servido apenas ao propósito de fazerem o que lhes mandam. Em outras palavras, um professor negro ensinando crianças negras é, em muitos aspectos, um professor branco engajado desse modo, pois o programa é, em todo caso, quase o mesmo.

Não pode haver objeção razoável ao fato de o negro fazer o que o branco manda, caso este o mande fazer o que é certo; mas o certo é totalmente relativo. O atual sistema sob controle dos brancos treina o negro para ser branco e ao mesmo tempo o convence da impropriedade ou impossibilidade de se tornar branco. Isso o força a ser um bom negro para cujo desempenho sua educação é inadequada. Para a exploração do negro pelo branco por meio da restrição econômica e da segregação, o atual sistema é sólido e sem dúvida continuará assim até dar lugar à política mais sensata de uma verdadeira cooperação inter-racial — não a atual farsa de manipulação racial em que o negro é um testa de ferro. A história não apresenta um exemplo da elevação de um povo se o pensamento e a aspiração desse povo forem ignorados.

Esse é, contudo, um terreno um pouco perigoso, pois a mente do negro foi quase perfeitamente escravizada por ele ter sido treinado para pensar como querem que o faça. Os negros "altamente instruídos" não gostam de ouvir nada que se diga contra esse procedimento porque é assim que ganham a vida e sentem que devem defender o sistema. Poucos negros des-educados chegam a agir de outra forma; e, se assim se expressam, são esmagados com facilidade pela ampla maioria contrária, de modo que a procissão prossegue sem interrupção.

O resultado, então, é que os negros assim des-educados não têm serventia para si mesmos e nenhuma para o homem branco, que não precisa da assistência profissional, comercial ou industrial do negro; e, como resultado da multiplicação de aparelhos mecânicos, não precisa mais deles para serviços enfadonhos ou subalternos. Os negros "altamente instruídos", além disso, não precisam das classes profissionais ou comerciais negras porque aprenderam que brancos podem atendê-los com mais eficiência nessas esferas. Reduzidos, então, ao ensino e à pregação, os negros só poderão caminhar para um beco sem saída, caso o tipo de educação que agora recebem possibilite que encontrem uma solução para suas dificuldades atuais.

Educação sob controle externo

"No novo programa de educação do negro, o que será de seus professores brancos?", perguntou alguém recentemente. É uma pergunta simples que só merece uma resposta curta. Os poucos trabalhadores cristãos que restaram dos que foram para o Sul um pouco depois da Guerra Civil e criaram escolas e igrejas que estabeleciam os alicerces sobre os quais deveríamos avançar agora, com mais sabedoria do que temos feito, deveriam ser louvados como uma plêiade de mártires. Que o anátema recaia sobre aquele que usa termos derrogatórios para se referir à história desses heróis e dessas heroínas! Devemos prestar um grande tributo a sulistas altruístas como Hay-good, Curry, Ruffner, Northern e Vance, e também a homens brancos de nossa época para os quais a única forma de promover pessoas é ajudá-las a se ajudarem a si mesmas.

Os desditosos sucessores dos professores missionários do Norte que atuaram na educação dos negros, contudo, demonstram plenamente que não têm uma função útil na vida dos membros desse grupo. Não têm o espírito de seus antecessores e não se ajustam às exigências aplicadas a educadores em faculdades credenciadas. Se as instituições negras devem ser tão eficientes como as de brancos no Sul, deve-se aplicar o mesmo padrão elevado para os educadores que vão dirigi-las. Escolas para negros não podem avançar com essa carga de ineficiência, em especial quando os reitores brancos dessas instituições são muitas vezes menos preparados em termos acadêmicos do que os negros a eles subordinados.

Por lei e por costume, os diretores e professores brancos das escolas para negros são impedidos de participar livremente da vida do negro. Ocupam, assim, uma posição ambígua muito desconfortável. Quando este autor ensinava numa escola cujo corpo docente era misto, as mulheres brancas ligadas à instituição o reverenciavam de forma condescendente dentro do campus, mas não o viam fora dali. Um diretor branco de uma escola negra nunca recebe um negro em sua casa, preferindo direcionar tais convidados ao restaurante dos alunos. Outro diretor branco de uma faculdade negra mantém no campus um chalé para convidados onde os negros só entram como serviçais. Um outro funcionário desse nível não permite que negros entrem em sua casa pela porta da frente. Negros educados nessa condição sem protestar se tornam inquestionavelmente covardes, e continuarão como escravos em sua vida, a despeito de sua ilusória emancipação.

"Que método de abordagem diferente ou que tipo de apelo poderia ser feito para uma criança negra que um professor branco não pode fazer?", perguntou alguém não muito tempo atrás. Para ser franco, devemos aceitar que não existe um corpo factual particular que professores negros possam compartilhar com crianças de sua própria raça que não possa ser apresentado com a mesma facilidade por pessoas de outra raça se estas tiverem a mesma atitude dos professores negros; na maioria dos casos, porém, o ódio racial, a segregação e o terrorismo tornam isso impossível. Assim, a única coisa a fazer nesse caso é enfrentar a situação tal como ela é.

Mas não podemos assumir a posição de que uma pessoa branca qualificada não deve ensinar numa escola para negros. Para determinados trabalhos que temporariamente alguns brancos sejam capazes de realizar melhor do que negros, não há objeção a tal serviço, mas, se o negro é forçado a viver no gueto, pode se desenvolver com mais facilidade fora dele sob sua própria liderança do que sob aquela que lhe é imposta. O negro nunca conseguirá mostrar toda a sua originalidade enquanto seus esforços forem dirigidos de fora por aqueles que são responsáveis por seu banimento social. Tais "amigos" vão, inconscientemente, mantê-lo no gueto.

Aqui, porém, a ênfase não é na necessidade de sistemas distintos, mas em escolas e professores com bom senso que entendam e continuem sendo solidários com quem instruem. Os que assumem a posição contrária imaginam que a educação seja apenas um processo de transmitir informações. Alguém que possa fazer coisas assim ou elaborar um plano fácil nesse sentido é, portanto, um educador. De certa forma, isso é verdade, mas essa é a razão da maioria dos problemas do negro. A verdadeira educação significa inspirar pessoas a viverem com mais satisfação, a aprenderem com a vida tal como ela se apresenta e a torná-la melhor, mas a educação dada até agora aos negros em faculdades e universidades tem funcionado de maneira contrária. Na maioria dos casos, esses diplomados têm apenas ampliado o número de insatisfeitos que não apresentam nenhum plano para mudar as condições indesejáveis sobre as quais se queixam. Dever-se-ia recorrer ao protesto apenas quando este se sustenta num programa construtivo.

Infelizmente, negros que pensam como este autor e ousam expressar suas ideias são rotulados de opositores da cooperação inter-racial. Na verdade, porém, esses negros são quem de fato trabalham na execução de um programa de ação inter-racial. Cooperação implica igualdade entre os participantes na tarefa a ser realizada. Contudo, ao contrário, a forma usual agora é que os brancos elaborem seus planos a portas fechadas, façam com que sejam aprovados por uns poucos negros que formalmente fazem parte do conselho e empreguem uma equipe branca ou mista para colocá-lo em prática. Isso não é cooperação inter-racial. É apenas a velha ideia de convocar o "inferior" para obedecer às ordens do "superior". Para expressar isso numa linguagem pós-clássica, como fez Jessie O. Thomas, "os negros entram como o 'co' e os brancos com a 'operação'".

Essa atitude insana dos "amigos" do negro se deve à persistência da ideia medieval de controle das classes desprivilegiadas. Por trás das portas fechadas, esses "amigos" dizem que se deve ter cuidado em promover negros a posições de direção, a menos que se possa determinar de antemão que eles vão fazer o que lhes mandarem. Nunca se pode dizer quando alguns negros vão se enfurecer e envergonhar seus "amigos". Depois de serem promovidos a posições de influência, sabe-se que alguns deles perdem o controle e defendem a igualdade social ou exigem para a sua raça os privilégios da democracia quando deveriam se limitar à educação e ao desenvolvimento religioso.

Com frequência se diz, também, que este não é o momento adequado para os negros assumirem a administração de suas instituições, pois não têm os contatos necessários para obter dinheiro; mas como fica esse argumento quando nos lembramos do que Booker T. Washington fez por Tuskegee e observamos o que R. Moton e John Hope estão fazendo hoje? Como o primeiro a ocupar a posição de reitor da Universidade Howard, Mordecai W. Johnson está arrecadando mais fundos para essa instituição entre filantropos do que todos os ex-reitores juntos. Ademais, se após três gerações as faculdades negras não produziram homens qualificados para administrar seus negócios, esse reconhecimento seria um argumento eloquente para defender que elas fracassaram de forma inglória e deveriam ser fechadas de imediato.

Há pouco tempo alguém me perguntou como eu mantenho minha crítica à educação superior dos negros dian-

A DES-EDUCAÇÃO DO NEGRO 53

te dos novos desenvolvimentos nessa esfera e, em especial, com as quatro universidades do Sul, que foram possibilitadas graças aos milhões concedidos por conselhos governamentais e por filantropos. Creio que o estabelecimento desses quatro centros de ensino em Washington, Atlanta, Nashville e New Orleans pode ser considerado o marco de uma época no que se refere ao desenvolvimento da raça negra. Por outro lado, também é possível que haja um fracasso colossal de todo o esquema. Se essas instituições forem a réplica de universidades como Harvard, Yale, Columbia e Chicago, se os homens que as administrarem e nelas ensinarem forem os produtos de teóricos de escrivaninha que nunca se preocuparam com a vida do negro, o dinheiro assim investido será tão proveitosamente gasto quanto se fosse usado para comprar amendoim para jogá-lo aos animais num circo.

Uma das ideias que sustentam o novo movimento educacional é proporcionar no Sul educação para os negros que estão abarrotando universidades do Norte, especialmente nas escolas de medicina, muitas das quais não vão admitir negros em função do atrito racial na prática hospitalar. Contudo, na pressa apenas para fazer provisões especiais para esses "estudantes indesejáveis", as instituições que vão prepará-los podem ser criadas com base em falsas ideias e cometer as mesmas gafes de instituições menores que as precederam. Dificilmente ajudaria um paciente envenenado dar-lhe uma grande dose de veneno.

Em instituições de ensino superior para negros, organizadas segundo critérios estabelecidos para pessoas de condições diferentes, alguns podem se beneficiar por se aprofundarem no que é essencial, outros podem se tornar mais aptos na exploração de seu povo, e um número menor pode atravessar a fronteira e se juntar aos brancos num serviço útil; mas a grande maioria dos produtos de tais instituições vai aumentar, e não reduzir, a carga que as massas têm tido de suportar desde a emancipação. Esses trabalhadores mal preparados não terão um alicerce que sustente seu avanço. A educação de qualquer povo deve começar com o próprio povo, mas os negros preparados para isso sonham com os antepassados da Europa e com os que tentaram imitá-los.

Num curso em Harvard, por exemplo, exigiu-se dos alunos que descobrissem se Péricles foi acusado de maneira justa de tentar suplantar a adoração de Júpiter com a de Juno. Desde então, os negros envolvidos com isso aprendem que estariam muito mais bem preparados para trabalhar com outros no Cinturão Negro se tivessem usado seu tempo para aprender por que John Jasper,* que ganhou fama com o sermão "The Sun Do Move" [O Sol de fato se move], se juntou a Josué na afirmação de que o planeta ficou parado "a meio caminho enquanto ele enfrentava a batalha pela segunda vez".

Conversando outro dia com um dos homens que agora estão dando milhões para a construção de quatro universidades negras no Sul, contudo, descobri ser sua opinião que instituições qualificadas podem ser estabelecidas de múltiplas maneiras com teóricos sem contato com o povo. Em outras palavras, você pode ir a quase qualquer lugar e construir uma instalação de 3 milhões de dólares, nomear um homem branco para fazer o que você quer e em pouco tempo ele pode conseguir ou treinar os homens necessários para montar uma universidade. "Queremos aqui", dirá ele, "um homem que tenha mestrado em inglês. Consigam-me um outro com doutorado em sociologia e posso usar mais um em física."

Ora, a experiência mostra que homens desse tipo podem "se inserir", mas uma universidade não pode se estabelecer com esses recrutas rasos. Este autor teve uma

---

* Ex-escravo que se tornou pastor batista, cujo sermão mais famoso, "The Sun Do Move", mostrava sua fé em Deus com a imagem de uma Terra plana em torno da qual girava o Sol. (N. T.)

A DES-EDUCAÇÃO DO NEGRO   55

vez a experiência de dirigir uma faculdade dessa forma e
o resultado poderia dar uma manchete interessante para
os jornais. Quando o dr. William Bainey Harper estava
criando a Universidade de Chicago, ele chamou para a
chefia dos vários departamentos apenas homens que se
haviam distinguido no mundo criativo. Alguns tinham títulos acadêmicos importantes, outros não. Alguns deles
nunca tinham realizado um trabalho formal nas áreas em
que obtiveram sua graduação. Todos eles, porém, eram
homens cujo pensamento estava movimentando o mundo.
Pode-se afirmar que não há homens assim entre os negros
e que eles precisam ser preparados para isso, mas algo
assim não pode ser forçado como estamos fazendo agora.
Seria muito melhor estimular o desenvolvimento de mais
professores antigos avançados do que experimentar com
novatos produzidos pela degradação do ensino superior.

A degradação do doutorado, em especial, evidenciou-
-se mais claramente do que nunca para este autor um dia
desses, quando um amigo entrou correndo em seu escritório e disse: "Estou tentando me encontrar com você
há vários dias. Não consegui o emprego pelo qual tenho
trabalhado e me disseram que não posso esperar ser promovido até obter meu '*darkter's 'gree*'"* — foi assim que
ele disse. Ele não conseguia nem sequer pronunciar as
palavras, mas estava determinado a obter seu "*darkter's
'gree*" para conseguir o emprego que tinha em vista.

Essa situação vergonhosa da educação superior se
deve, em grande parte, ao baixo padrão das instituições
com tendência a agir como uma usina de diplomas. Para
conseguir ou manter um emprego, você entra e permanece até que lhe "espremem" um "*darkter's 'gree*". E não
precisa mais se preocupar. O pressuposto é de que quase qualquer escola ficará feliz em ter você depois disso, e
você vai receber um bom salário.

* Corruptela de *doctor's degree*, ou doutorado. (N. E.)

Mas pesquisas mostram que homens com doutorado não apenas perdem o contato com pessoas comuns, mas também não produzem tanto trabalho criativo quanto aqueles com menos educação formal. Depois de receberem essa honraria, esses supostos acadêmicos com frequência ficam estagnados. Poucas pessoas se preocupam com a gravidade dessa inércia entre homens colocados em posições de liderança por terem cumprido as exigências estatutárias de universidades de ponta que não se situam na ponta de nada.

O Conselho Geral de Educação e o Fundo Julius Rosenwald têm uma política que pode ser uma solução parcial para o problema do professor de faculdades negras sem preparo adequado. Essas fundações estão oferecendo bolsas de estudo para professores negros do Sul a fim de que estes possam se aprimorar para trabalhar na esfera em que agora atuam. Esses conselhos em geral não matriculam alguém numa escola com vistas a se preparar para o doutorado. Se encontram um homem com experiência e boa capacidade de avaliação, mostrando possibilidades de crescimento, permitem-lhe estudar por um ano ou mais para refrescar sua mente com o que existe de novo em sua área. A experiência mostra que professores apoiados dessa forma realizam depois um trabalho muito melhor que o de doutores em filosofia produzidos por encomenda.

Além disso, as universidades do Norte não podem estabelecer políticas de pós-graduação para negros segundo determinadas linhas quando se concentram nas necessidades educacionais de pessoas prejudicadas por outros motivos. O curso de pós-graduação para negros que estudam química é com George W. Carver, em Tuskegee. Pelo menos uma centena de jovens devem aguardar todos os dias as palavras desse cientista para serem capazes de passar para gerações que ainda não nasceram seu grande conhecimento de química agrícola. Negros que desejam se especializar em agricultura devem fazê-lo com traba-

A DES-EDUCAÇÃO DO NEGRO 57

lhadores como T. M. Campbell e B. F. Hubert entre os fazendeiros negros do Sul.

Na própria educação a situação é a mesma. Nem a Universidade Columbia nem a de Chicago podem dar um curso avançado de educação rural para negros porque seu trabalho nessa área se baseia fundamentalmente em seu conhecimento das necessidades educacionais dos brancos. Esse trabalho para negros deve ser feito sob a direção dos pioneiros que estão construindo centros educacionais e reorganizando os programas de quem está no interior. Líderes desse tipo podem fornecer a base sobre a qual se pode estabelecer uma educação universitária realista. Não estamos apresentando aqui nenhum argumento contra a obtenção de diplomas de pós-graduação, mas estes devem vir como honrarias conferidas em função da atuação acadêmica, e não para possibilitar que um homem aumente seu salário ou encontre uma posição mais bem remunerada. As escolas que hoje dirigem sua atenção exclusivamente a esses marcadores externos de aprendizado não contribuirão muito para a ascensão do negro.

Em Cleveland, não faz muito tempo, este autor encontrou na Western Reserve University algo excepcionalmente estimulante. Um nativo do Mississippi, um branco formado numa universidade do Norte e que agora atua como professor, tem como aluno de sociologia um negro da Geórgia. Esse negro está reunindo para a sua tese as expressões de seu povo na vida cotidiana — saudações matinais, observações sobre o tempo, comentários sobre coisas que acontecem ao seu redor, reações a situações consideradas incomuns e esforços para interpretar a vida como um panorama que se passa à sua frente. Esse branco do Mississippi e esse negro da Geórgia estão no caminho certo para compreenderem o negro e, se não se desentenderem no que se refere à igualdade social, vão ajudar muito mais o negro do que aqueles que estão tentando descobrir se Henrique VIII estava mais atraído por

Ana Bolena do que por Catarina de Aragão, ou se a rainha Elizabeth foi apresentada de maneira correta como mais desonesta do que Filipe II da Espanha.

O fracasso em aprender
a ganhar a vida

A maior acusação que os negros têm recebido sobre esse tipo de educação, contudo, é que com ela eles aprendem pouco sobre como ganhar a vida, o fundamento básico da civilização. Negros de áreas rurais sempre souberam alguma coisa sobre agricultura e, num país em que a terra é abundante, conseguem ganhar a vida, de alguma forma, por meio do solo, ainda que nem sempre empreguem métodos científicos de cultivo. Na indústria, porém, na qual a competição é mais acirrada, o que o negro aprende na escola tem pouca relevância para a situação, como mostramos acima. Na área dos negócios, o papel da educação como fator de ascensão do negro é ainda menos significativo. Os negros de hoje são incapazes de empregar um ao outro, e os brancos tendem a recorrer aos negros apenas quando os trabalhadores de sua própria raça já foram atendidos. Para a solução desse problema, o negro "des--educado" não tem remédio algum a oferecer.

O que agora se ensina ao negro não coloca sua mente em harmonia com a vida que tem de enfrentar. Quando um estudante negro consegue fazer a faculdade engraxando sapatos, ele não pensa em fazer um estudo especial da ciência subjacente à produção e distribuição de couro e dos produtos que podem algum dia figurar nessa esfera. O jovem negro enviado à faculdade por um mecânico dificilmente sonha em aprender engenharia mecânica para avançar sobre as bases fincadas por seu pai, que dentro de alguns anos poderá se tornar um empreiteiro ou um consultor de engenharia. A moça negra que vai para a faculdade dificilmente deseja voltar a viver com a mãe se esta for uma lavadeira, mas deveria voltar com conhecimento suficiente de física, química e administração de empresas para usar o trabalho da mãe como núcleo de uma lavanderia a vapor moderna. Um professor branco de uma universidade recentemente se demitiu de sua posição para enriquecer operando uma lavanderia para negros numa cidade do Sul. Um professor universitário negro consideraria tal sugestão um insulto. A chamada educação dos negros formados em faculdades os leva a desperdiçar as oportunidades que lhes aparecem e sair em busca daquelas que não encontram.

No caso dos jovens brancos deste país, eles podem escolher seus cursos do modo mais aleatório e ainda assim ter sucesso em função das numerosas oportunidades oferecidas a seu povo, mas até eles mostram muito mais sabedoria do que os negros. Por exemplo, um ou dois anos depois de este autor concluir seu curso em Harvard, ele encontrou no Centro-Oeste um colega que estava estudando lã. "Como você foi parar nesse tipo de coisa?", perguntou este autor. Sua gente, respondeu o outro, tinha tido alguma experiência com esse material, e na faculdade ele se preparou para esse trabalho. Este autor, ao contrário, estudou Aristóteles, Platão, Marsílio de Pádua e Pascásio Radberto quando estava na faculdade. O colega que estudou lã, contudo, é agora rico de forma independente e tem um tempo de lazer suficiente para aproveitar o lado cultural da vida que seu conhecimento da ciência subjacente a seu negócio propiciou, mas este autor tem de ganhar a vida implorando por uma causa para lutar.

Um observador recentemente viu num mercado próximo de seu escritório um exemplo gritante da ineficiência desse sistema. Ele vai lá ao meio-dia com frequên-

A DES-EDUCAÇÃO DO NEGRO 61

cia para comprar algumas frutas e conversar com uma jovem bem-sucedida como dona de uma barraca desses produtos junto com a mãe. Alguns anos atrás ele tentou atuar como professor da jovem no ensino médio, mas a memória dela era fraca e ela não conseguia entender o que ele estava tentando fazer. Ela permaneceu por algumas semanas, sorrindo para os outros que se esforçavam, e por fim abandonou a escola para ajudar a mãe no seu negócio. No entanto, ela aprendeu com a mãe como ganhar a vida e ser feliz.

O observador se lembrou dessa jovem logo depois, quando recebeu a visita de um amigo que aprendera a dominar tudo que era ensinado na escola naquela época e mais tarde se formou na faculdade com distinção. Esse homem altamente instruído trazia consigo uma queixa contra a vida. Tendo uma enorme dificuldade para encontrar uma oportunidade de fazer o que foi preparado para realizar, ele já pensou muitas vezes em cometer suicídio. Um amigo estimulou esse homem desesperado a ir em frente — quanto mais cedo melhor. A comida e o ar que ele agora consome podem funcionar para garantir a sobrevivência de uma pessoa que está em contato com a vida e é capaz de enfrentar seus problemas. A educação que esse homem recebeu fez com que ele se mantivesse longe da barraca de frutas.

Esse amigo está tentando convencer esse desajustado das oportunidades incomuns para negros na área de negócios, mas ele critica seu conselheiro por encorajá-lo a assumir tal tipo de tarefa quando a maioria dos negros que o tentaram fracassou.

"Se investirmos nosso dinheiro numa empresa própria", disse ele, "os encarregados vão fazer mau uso dele ou então desviá-lo. Aprendi estudando economia que isso seria o mesmo que jogar dinheiro fora."

Uma pesquisa mostrou, contudo, que esse queixoso e muitos outros como ele nunca tinham investido coisa alguma em empresas de negros, embora tentem ganhar a vida explorando-os. Mas eles se sentem um pouco culpados por isso e, quando encontram alguma suposta base para criticar, tentam satisfazer sua consciência que quase os condena pelo curso suicida de tirar todo o possível de sua raça sem lhe dar coisa alguma em troca.

Evidentemente, negros fofoqueiros e difamadores aparecem para auxiliá-los. Des-educados pelos opressores da raça, esperam que o negociante negro fracasse de qualquer forma. Eles então se aproveitam de relatos desfavoráveis, exageram a situação e transmitem falsidades pelo mundo afora para sua própria desgraça. Você lê manchetes como OS MAIORES FRACASSOS DE EMPRESÁRIOS NEGROS, BANCO DE NEGROS ROUBADO POR SEUS FUNCIONÁRIOS e O CREPÚSCULO DA EMPRESA DE NEGROS. Os negros des-educados, então, se manifestam dizendo:

"Eu lhe disse isso. Negros não podem ter empresas. Meus professores me mostraram anos atrás, quando estudei economia na faculdade; e eu nunca quis colocar meu dinheiro em nenhuma empresa de negros."

Mas as pesquisas mostram que, proporcionalmente à quantidade de capital investido, as empresas de negros mostram ter tanta efetividade quanto as pertencentes a pessoas de outros grupos com situação semelhante. Empresários negros cometeram erros, e ainda os cometem; mas o elo fraco da corrente é que eles não são apoiados de maneira adequada e nem sempre se tornam fortes o suficiente para superar uma crise. Assim, o empresário negro não tem fracassado tanto em tocar seus negócios quanto em obter o apoio de outros negros que deveriam ser desenvolvidos o bastante do ponto de vista mental para perceberem a sagacidade de apoiar essas empresas.

Ora, os negros "altamente instruídos" que estudaram economia em Harvard, Yale, Columbia e Chicago dirão que o negro não pode ter sucesso nos negócios porque seus professores que nunca tiveram a mínima experiência nessa área escreveram textos que confirmam isso. Os brancos, dizem eles, têm o controle dos recursos naturais e assim monopolizam a produção de matérias-primas para eliminar a competição do negro. Aparentemente, isso é verdade. Se todas as coisas forem iguais do ponto de vista do opressor, ele acredita que o negro não pode passar no teste.

Assim, impacientes, os negros "altamente educados" dizem que, uma vez que no sistema capitalista atual o negro não tem chance de ascender na esfera econômica, a única esperança de superar sua condição é por meio do socialismo, da derrubada do atual regime econômico e do estabelecimento do controle popular de recursos e agências que agora funcionam para o benefício pessoal. Esse pensamento tem ganhado terreno entre negros neste país e os está rapidamente atraindo para as fileiras dos que são em geral conhecidos como "comunistas".

Não pode haver objeção a essa mudança radical se ela trouxer consigo algum gênio altruísta que possa realizar essa tarefa melhor do que está sendo feito pelo atual regime de competição. Até agora a Rússia não conseguiu realizá-lo sob uma ditadura do proletariado num país agrícola. Mas quer essa era chegue ou não, o sistema capitalista está tão fortemente entranhado hoje que os radicais terão de lutar por muitos anos para derrubá-lo; e se o negro tiver de esperar até que chegue essa época para tentar melhorar suas condições, ele vai morrer de fome tão cedo que não estará mais aqui para contar a história. O negro, portanto, da mesma forma que todos os outros povos oprimidos, deve aprender a fazer o que dizem ser "impossível".

O empresário negro "não instruído", contudo, está na verdade no trabalho fazendo a mesma coisa que o negro "des-educado" foi ensinado a acreditar que não pode ser feito. Esse empresário negro tremendamente prejudicado poderia se sair melhor se tivesse alguma ajuda, mas nossas escolas estão produzindo homens que fazem tanto para impedir o progresso do negro nos negócios quanto fazem para ajudá-lo. O problema é que não pensam por si mesmos.

Se o negro "altamente instruído" conseguisse esquecer a maioria das teorias não comprovadas que lhe são ensinadas na escola, se pudesse perceber a propaganda que é instilada em sua mente sob o disfarce da educação, se se apaixonasse por seu próprio povo e começasse a se sacrificar para que este ascendesse — se o negro "altamente instruído" fizesse isso, poderia resolver alguns dos problemas com os quais a raça agora se defronta.

Durante os últimos anos, temos ouvido muita coisa sobre a educação nos departamentos de administração de empresas das faculdades negras; mas, a julgar pelos produtos gerados por esses departamentos, eles não valem um vintém. Os professores dessa área não estão preparados para fazerem esse trabalho, e os provedores dessas instituições estão gastando seu tempo com insignificâncias em vez de se concentrarem no estudo de uma situação que ameaça o negro de extermínio econômico.

Há pouco tempo este autor percebeu a necessidade de uma mudança de atitude quando uma jovem veio a seu escritório quase que logo depois da formatura numa faculdade de administração para procurar emprego. Depois de ouvir sua história, ele por fim disse que a submeteria a um teste pagando-lhe quinze dólares por semana.

"Quinze dólares por semana!", gritou ela. "Eu não conseguiria viver com isso, senhor."

"Não vejo por quê", replicou ele. "Você já vive há algum tempo e me disse que nunca teve um emprego permanente, e agora não tem nenhum."

"Mas uma mulher precisa se vestir e botar comida na mesa", disse ela. "E como ela pode fazer isso com essa ninharia?"

A quantia oferecida era pequena, porém muito mais do que ela vale hoje. Na verdade, durante os primeiros seis ou nove meses de ligação com alguma empresa, esse valor será mais útil para ela do que ela para a firma. Tendo saído da faculdade sem experiência, ela vai ser um peso para a empresa até aprender a desempenhar alguma função definida. Em vez de pedir que a firma lhe pague, ela é que deveria pagar por seu treinamento. Assim, as empresas de negros têm hoje nos "empregados des-educados" o seu maior fardo. Milhares de pessoas que se formaram em escolas de administração para brancos passam anos como aprendizes em estabelecimentos sem receber pagamento e se regozijam por ter a oportunidade de aprender a fazer as coisas.

As escolas em que negros estão sendo preparados agora, contudo, não oferecem a nossos jovens esse ponto de vista. Eles podem aprender ocasionalmente estenografia e contabilidade, mas não a aplicar o que estudaram. O treinamento a que se submetem dá uma falsa concepção da vida pela qual o mundo empresarial lhes deve uma posição de liderança. Eles têm sobre o treinamento empresarial a mesma ideia que costumávamos ter sobre o ensino quando se pensava que poderíamos ensinar qualquer coisa que tivéssemos estudado.

As pessoas que se formam em nossas faculdades de administração carecem da coragem de contar com seus próprios recursos e trabalhar por comissão. A ampla maioria deseja ter a certeza de receber certa quantia no final da semana ou do mês. Não parecem perceber que os grandes avanços na área dos negócios estão sendo realizados pagando as pessoas de acordo com o que elas fazem. Pessoas que têm essas falsas impressões da vida não são boas representantes das faculdades de administração de empresas.

Não faz muito tempo, uma firma da cidade de Washington convidou pessoas formadas em várias de nossas faculdades e lhes ofereceu uma proposta de trabalho com base em comissão, mas apenas cinco das centenas de convidados responderam e só dois aceitaram. Um outro teria sido aceito, mas não era honesto em lidar com dinheiro porque aprendera a roubar o cofre da associação atlética quando estava na faculdade. Todos os outros, contudo, estavam ansiosos por atuar em alguma parte de um escritório por uma pequena remuneração semanal.

Recentemente, uma grande companhia de seguros selecionou para um treinamento especial quinze pessoas graduadas em nossas instituições credenciadas e financiou esse treinamento. Só uma delas, porém, realizou um serviço eficiente nessa área. Todas as outras abandonaram o treinamento após alguns dias e aceitaram trabalhar em hotéis e na Companhia Pullman,* ou foram ensinar ou qualquer outra coisa com uma remuneração fixa até poderem ingressar na prática das profissões. A ideia de recompensa imediata, a imprevidência e a falta de visão e coragem para ganhar a luta as transformou em fracassos prematuros. Não estão dispostas a tirar os paletós e os colarinhos e entrar nas bases das empresas negras, criando assim oportunidades para si mesmas em vez de implorarem a outros por uma chance.

Assim, o negro instruído do ponto de vista do comércio e da indústria não mostra o poder mental de compreender a situação que encontra. Aparentemente avaliou sua raça fora dessa esfera e, com exceção daquilo que os negros analfabetos podem fazer cegamente, o campo fica totalmente aberto para a exploração por estranhos. Estes veem essa oportunidade assim que chegam a nossas regiões e começam a fabricar e vender para negros, em especial produtos como bonés, gravatas e roupas caseiras que podem ser fabricados a baixo custo e em condições

---

* The Pullman Car Company foi uma lucrativa fabricante de vagões ferroviários de meados do século XIX, que desenvolveu o vagão-leito. As mudanças nos transportes automotivos pós--Segunda Guerra Mundial levaram ao declínio da empresa, que fechou em 1968. (N. E.)

comuns. O maior problema para o negro nessa área é o trabalho de vendedor; é nisso que ele é fraco.

Também é lamentável que o negro instruído não compreenda ou não se disponha a abrir pequenos negócios que tornam possíveis negócios maiores. Se não pode proceder segundo os métodos das empresas gigantes sobre as quais lê nos livros, não sabe como conduzir as coisas e organizar as comunidades de pobres segundo as linhas dos pequenos negócios. Esse treinamento é necessário, pois a grande maioria dos negros que dirigem empresas não aprendeu os métodos empresariais ou não compreende as possibilidades da área em que opera. A maioria deles, no início, não tinha experiência nenhuma e começou com o conhecimento que pôde adquirir observando de fora a empresa de alguém.

Um deles, por exemplo, havia trabalhado como garçom num clube de empresários brancos lhes entregando caixas de charutos ou jarras de água. Quando eles começavam a discutir sobre negócios, era obrigado a sair da sala. O único momento em que podia vê-los em ação era quando estavam se divertindo, permitindo-se a extravagâncias que o negro aprendeu antes de poder bancá-las.

Assim, empresas de negros com essas desvantagens não desenvolveram a estabilidade e a capacidade de crescimento. Quase todas as empresas de negros que estavam florescendo na década de 1900 hoje não existem mais. Como isso aconteceu? Bem, os empresários negros têm coisas demais para fazer. Não têm tempo para ler a literatura empresarial e estudar o mercado de que dependem, e talvez não sejam treinados o bastante para fazerem essas coisas. Em geral operam no escuro ou pelo método de tentativa e erro. Não podem garantir uma orientação inteligente porque as escolas não estão produzindo homens adequadamente treinados para assumir uma empresa de negros de modo a desenvolvê-la e fazer dela o que deve ser, em vez de encontrar defeitos nela. Com muita frequência, quando o dono morre, a empresa morre com ele;

ou se deteriora depois que ele se vai, pois ninguém teve contato suficiente com ele para aprender o segredo de seu sucesso a despeito das desvantagens.

Assim, entre os negros, os negócios continuam sendo individualistas apesar das advertências em contrário. O fundador não aceita amavelmente o plano cooperativo, e a educação empresarial tal como a oferecemos aos jovens não torna suas sugestões nesse sentido convincentes. Se acontece de o fundador ser bem-sucedido de forma incomum, a empresa pode ultrapassar seu conhecimento e se tornar inadministrável para ele, pode quebrar por erros de avaliação; ou, por causa da má administração, pode parar nas mãos de brancos que em geral são chamados, na última hora, para fazer o que se conhece como refinanciamento, mas que de fato significa assumir o negócio, tirando-o das mãos de negros. Estes, por sua vez, retiram seu apoio por perceberem que não é mais uma empresa da raça, e o capítulo está encerrado.

Nem todos os fracassos das empresas negras, contudo, se devem a problemas externos. Muitas vezes o empresário carece de bom senso. O negro nos negócios, por exemplo, torna-se facilmente um "leão" social. Às vezes assume entusiasticamente a liderança em assuntos locais. Torna-se popular em círculos restritos, e homens com menor magnetismo ficam com inveja de seus progressos. Aprende como homens mais ricos de outras raças gastam dinheiro. Compra uma casa melhor que a de todos os outros da comunidade e sua programação social não lhe possibilita muito contato com as mesmas pessoas de quem depende como clientela. Tem o melhor carro, as roupas mais caras, a melhor casa de verão e se distancia tanto de seus concorrentes na sociedade que estes muitas vezes se põem a operar de maneira infantil para trazê-lo de volta ao seu nível.

O negro instruído abandona as massas

Uma das evidências mais notáveis do fracasso da educação superior entre os negros é seu estranhamento em relação às massas, as mesmas pessoas com quem deve acabar contando para concretizar um plano de sucesso. A mais evidente ilustração disso são as igrejas negras. A ampla maioria dos devotos negros ainda pertence a essas igrejas, porém, quanto mais instruídos se tornam os negros, menos conforto parecem encontrar nesses grupos evangélicos. Essas igrejas não atingem o padrão estabelecido pelos pregadores universitários dos centros de ensino do Norte. Então, muitos negros que retornam como produtos acabados dessas instituições ficam perdidos para sempre nas igrejas negras populares. Os membros dessa classe que não têm vínculos com uma igreja não se tornam membros dessas congregações, e os que têm essas conexões permanecem principalmente por motivos políticos ou pessoais e tendem a se tornar devotos apenas no nome.

A igreja negra, contudo, embora não seja uma sombra do que deveria ser, é um grande ativo para a raça. É parte do capital que ela deve investir para construir seu futuro. A igreja negra assumiu a liderança na educação das escolas da raça, constituindo um fórum para o pensamento do negro "altamente instruído", que originou grande parte dos negócios controlados por negros e, em muitos casos, possibilitou a existência de profissionais negros.

É lamentável, então, que não se esforcem mais para desenvolver a instituição. Negligenciando-as dessa forma, estão jogando fora o que possuem de modo a obter algo que acham que precisam. Assim, em muitos aspectos, nas últimas gerações a igreja negra se tornou corrupta. Poderia ser aprimorada, mas os negros que podem ajudar a instituição estão desertando, deixando-a nas mãos de exploradores, picaretas e libertinos. Os negros "altamente instruídos" estão se afastando das pessoas das igrejas, e a distância entre as massas e os "10% talentosos"* está se ampliando rapidamente.

É possível citar muitos exemplos disso. Recentemente, quando este autor foi a uma das igrejas populares da cidade de Washington que conta com milhares de fiéis, ele viu um exemplo gritante disso. Enquanto estava sentado ali, ele pensou no poder que esse grupo poderia alcançar sob a liderança honesta de homens e mulheres inteligentes. Ascensão social, negócios, bem-estar público — tudo isso seria possível se um punhado de negros "altamente instruídos" trabalhasse com essas pessoas nesse centro. Procurando com cuidado essa gente em meio ao público, ele só reconheceu dois formados em faculdades, Kelly Miller e ele mesmo; mas o primeiro tinha ido à igreja a fim de receber uma doação para os Baús da Comunidade, e o autor, para fazer um apelo em favor da escola da srta. Nannie H. Burroughs. Nenhum dos dois havia manifestado algum interesse por igreja em particular. É dessa maneira que a maioria delas recebe a atenção de nossos "10% talentosos".

Alguns negros "altamente instruídos" dizem que não perderam o interesse pela religião, que estão frequentando igrejas com uma atmosfera mais intelectual, em harmonia com suas novas ideias e aspirações. E aí existe uma espécie

---

* Expressão criada por filantropos brancos do Norte dos Estados Unidos e popularizada pelo intelectual afro-americano W. E. B. DuBois para definir a liderança desse grupo. (N. T.)

A DES-EDUCAÇÃO DO NEGRO   71

de febre contagiosa que afasta das igrejas de sua juventude outras pessoas com menos educação formal. Conversando outro dia com uma amiga do Alabama, este autor descobriu que, depois que o pai dela morreu e ela teve de se mudar para Washington, ela abandonou a igreja batista em que tinha sido uma voluntária proeminente e se envolveu com uma igreja ritualista que é mais moderna.

Essa mudança de fé está correta num certo sentido, pois nenhuma pessoa sensata ousaria hoje apresentar um argumento em favor de qualquer religião em particular. Religião é religião, desde que as pessoas sigam a fé que professam. O que se diz aqui a respeito das igrejas populares dos negros, que tendem a ser metodistas e batistas, também se sustentaria se fossem católicas ou episcopais, desde que a maioria dos negros pertencesse a elas. A questão aqui é que as igrejas ritualistas para as quais esses negros têm ido não têm contato com as massas e não mostram um futuro promissor em matéria de desenvolvimento racial. Tais instituições são controladas por aqueles que só oferecem aos negros oportunidades limitadas e por vezes sob a condição de que sejam segregados na área destinada aos gentios fora do templo de Jeová.

Como um "negro instruído" pode abandonar a igreja de seu povo e aceitar esse segregacionismo à Jim Crow* sempre foi um enigma. Não pode ser um homem capaz de pensar. Pode ser uma espécie de escravo da psicologia que provoca essa preferência pela liderança do opressor. A desculpa que às vezes se dá para buscar essa liderança religiosa é que as igrejas evangélicas negras são "quadradas", mas um ser pensante preferiria permanecer atrasado em relação a sua época e manter seu respeito próprio do que comprometer sua masculinidade aceitando a se-

---

* As leis de Jim Crow foram leis estaduais sancionadas entre 1877 e 1964 que impunham a segregação racial no Sul dos Estados Unidos. (N. E.)

gregação. Eles dizem que alguns bispados negros foram na verdade comprados, mas é melhor para o negro pertencer a uma igreja em que alguém garanta o bispado por tê-lo comprado do que ser membro de outra que nega a promoção em função da cor.

Em relação ao desenvolvimento das massas, então, a raça negra perdeu terreno nos últimos anos. Em 1880, quando os negros começaram a marcar presença no ensino, a atitude dos líderes era diferente do que é hoje. Naquela época, os homens iam para a escola a fim de se prepararem para a ascensão de um povo oprimido. Em nossa época, um número grande demais de negros vai para a escola a fim de decorar certos fatos para passar nos exames de seleção para empregos. Depois de obterem essas posições, prestam pouca atenção à humanidade. Essa atitude do "negro instruído" em relação às massas resulta, em parte, da tendência geral de todas as pessoas na direção do egoísmo, porém funciona de maneira mais desastrada entre os negros do que entre os brancos, pois as classes inferiores desse grupo têm tido muito mais oportunidades.

Há algum tempo este autor vem realizando um estudo especial sobre os negros da cidade de Washington para comparar suas condições atuais com as do passado. Ora, apesar de os negros "altamente instruídos" do distrito de Columbia terem se multiplicado e aparentemente estarem em melhores condições do que nunca, as massas mostram quase o mesmo atraso que apresentavam em 1880. Às vezes você encontra até duas ou três igrejas em prédios comerciais num único quarteirão em que negros se envolvem em práticas semipagãs que dificilmente seriam igualadas numa selva. Os negros na África não desceram a esse nível. Embora nascido e criado no Cinturão Negro do Sul, este autor nunca viu essas tendências idólatras que tem visto sob a redoma do Capitólio.

Tais condições mostram que o negro subdesenvolvido foi abandonado por aqueles que deveriam ajudá-lo.

A DES-EDUCAÇÃO DO NEGRO   73

O branco instruído, disse um observador recentemente, é diferente do "negro instruído", que com tanta facilidade abandona o elemento atrasado de sua raça. Quando um homem branco vê pessoas de sua própria raça despencando a um nível de desgraça, ele não descansa até elaborar algum plano para elevar esses infelizes a um nível superior; mas o negro esquece os delinquentes de sua raça e continua tentando encher o próprio bolso, tal como fez ao abandonar as massas das igrejas populares.

Isso é de fato triste, pois a igreja negra é a única instituição que a raça controla. Com exceção dos débeis esforços de umas poucas instituições quase falidas, a educação dos negros é controlada pelo outro elemento; e com exceção da dramatização da educação na prática por Booker T. Washington, os negros não influenciaram em nada o sistema nos Estados Unidos. Na área dos negócios, a falta de capital, de crédito e de experiência impede que grandes empreendimentos acumulem a riqueza necessária para a tranquilidade e o conforto essenciais para a cultura superior.

Na igreja, contudo, o negro tem liberdade suficiente para desenvolver do seu jeito essa instituição, mas fracassou nisso. Sua religião é apenas um empréstimo feito pelos brancos que escravizaram e segregaram os negros; e a organização, embora em grande parte uma instituição negra independente, é dominada pelo pensamento do opressor da raça. O pastor negro "instruído" é treinado para se afastar das massas, e os pregadores iletrados em cujas mãos as pessoas inevitavelmente caem são incapazes de desenvolver uma doutrina e um procedimento próprios. O pensamento dominante é fazer uso do dogma dos brancos como forma de atingir um propósito. Quer o sistema seja ou não o que deveria ser, ele serve a essa finalidade.

Num estilo camaleônico, o negro assumiu quase tudo de religioso que lhe cai nas mãos, em vez de pensar por si mesmo. A separação inglesa dos católicos ocorreu por causa de Henrique VIII, que teve dificuldades em obter a sanção da Igreja para satisfazer o desejo dele por mulheres amorosas, e os negros seguiram essa laia cantando "Deus salve o Rei". Mais tarde outros disseram que era necessário o batismo por imersão, e os negros juntaram-se a eles como batistas.

Um outro círculo de proselitistas disse depois que tínhamos de ter um novo método de fazer as coisas e devíamos chamar a nós mesmos de metodistas; e os negros, então, abraçaram essa fé. Metodistas e batistas se afastaram mais por conta do costume de ter escravos; e os negros se alinharam aos respectivos grupos. Os agitadores religiosos se dividiram ainda mais sobre questões que estão além do poder de compreensão humano; e os negros começaram, de maneira semelhante, a imitá-los.

Por exemplo, trinta dos 213 grupos religiosos registrados em 1926 eram exclusivamente negros, enquanto trinta das denominações predominantemente brancas tinham uma ou mais igrejas negras entre suas afiliadas. Em outras palavras, os negros entraram em quase todas as seitas estabelecidas pelos brancos; e, além disso, eles estabeleceram trinta deles próprios para causarem mais complicação e subdivisão ao sistema. A situação nessas igrejas também é agravada por terem um número grande demais de pastores e pelo menos cinco vezes mais supervisores oficiais do que uma igreja que englobasse todos os fiéis negros de fato precisaria. Todos os negros metodistas do mundo, se unificados, não precisariam de mais do que doze bispos, e estes teriam tempo para dirigir os assuntos de metodistas e batistas numa igreja unificada. Não há necessidade de três ou quatro bispos, cada qual ensinando a mesma fé e a mesma prática ao repetirem o trabalho de outro da mesma área apenas porque muito tempo atrás alguém, seguindo os opressores da raça ignorantes nessas igrejas, cometeu o pecado de promover a dissensão e a contenda. Negros empobrecidos são obrigados a arcar com os custos dessas despesas desnecessárias.

A "teologia" dos "estrangeiros" também é um fator importante nessa desunião de igrejas e no fardo que elas impõem a pessoas ignorantes. Teólogos têm sido "a ruína da felicidade e a fonte da dor". Ao levarem a alegria da conquista para o seu próprio campo, eles confundiram o mundo com disputas que fracionaram a igreja e estimularam a divisão e a subdivisão a tal ponto que ela não funciona mais como uma agência cristã voltada para a ascensão de todos os homens.

Para começo de conversa, a teologia tem origem pagã. Alberto Magno e Tomás de Aquino elaboraram seu primeiro sistema ao aplicarem à discussão religiosa a lógica de Aristóteles, um filósofo pagão, que não acreditava nem na criação do mundo nem na imortalidade da alma. Foi, na melhor das hipóteses, uma aprendizagem degenerada com base na teoria de que o conhecimento é obtido pela mente ao trabalhar sobre si mesma, e não sobre a matéria ou mediante a percepção sensorial. O mundo ficou, portanto, confuso com a discussão de absurdos, como é feita hoje por clérigos proeminentes. Por esse "raciocínio" peculiar, também, teólogos têm sancionado a maioria dos pecados de suas épocas. Eles justificaram a Inquisição, a servidão e a escravidão. Teólogos da atualidade defendem a segregação e a aniquilação de uma raça pela outra. Eles se afastaram do que é correto num esforço para fazer com que o errado pareça certo.

Embora devamos considerar os negros responsáveis por seguirem esses teóricos ignorantes, não devemos culpá-los pela origem dessa tolice que confundiu pessoas ignorantes. Como foi dito acima, o negro esteve tão ocupado em fazer o que lhe mandam que não parou para refletir por tempo suficiente sobre o significado dessas coisas. Pegou emprestado ideias de seus difamadores em vez de examinar as coisas e elaborar um pensamento próprio. Alguns líderes negros dessas facções religiosas são mais espertos, mas preservam seus seguidores mantendo as pessoas separadas ao enfatizarem aspectos desnecessários cuja insignificância o homem médio não consegue perceber. Os negros "altamente instruídos" que são suficientemente espertos para não seguirem esses homens sem princípios abandonaram as igrejas populares.

Ao servir como difusora da propaganda do opressor, a igreja negra, embora fazendo algum bem, impediu a união de elementos diversos e manteve a raça frágil demais para superar os inimigos, que ensinaram de propósito aos negros como discutir e brigar sobre trivialidades até que seus adversários possam derrotá-los. Essa é a chave do controle das chamadas raças inferiores pelo autoproclamado superior. Um deles pensa e planeja enquanto o outro, exaltado, se aproveita e destrói o irmão com quem deveria cooperar.

Discórdia e fraqueza

Nos últimos anos, as igrejas dos centros esclarecidos dedicaram menos atenção a discórdia do que antes, mas nos distritos rurais e nas cidades pequenas elas não mudaram muito; e ninguém nas comunidades urbanas ou no interior foi bem-sucedido em aproximar essas igrejas para que trabalhassem pelo bem-estar comum. Além de as seitas militantes ainda lutarem entre si, seus membros são antagonistas. O espírito de Cristo não pode habitar tal atmosfera.

Experiências recentes mostram que essas discórdias seguem evidentes. Por exemplo, há um ano, um observador passou três semanas numa comunidade rural onde não há uma igreja, embora oito ou dez famílias morem lá. Nenhuma igreja pode prosperar ali, pois, com exceção de uma ou duas, cada família representa uma denominação diferente, e a propensão sectária é tão pronunciada que uma não aceita o procedimento da outra. Cada um ama seu semelhante caso este pense como ele; mas, se não for assim, o odeia e o evita.

Em outra comunidade rural em que o mesmo observador passou recentemente duas semanas, ele encontrou uma igreja metodista pequena e pouco frequentada. Durante o culto numa manhã de domingo, ele contou apenas quatro pessoas que viviam na comunidade. Outras poderiam ter ido, pois não havia outra igreja no lugar; mas essa igreja, em particular, não era a deles, e seu número era pequeno demais para que se estabelecesse uma de seu agrado. O apoio que o desafortunado pastor recebe é tão minguado que ele dificilmente consegue ir lá uma vez por mês, e como consequência esses camponeses praticamente não têm uma liderança espiritual. Pessoas orientadas a adotar uma atitude como essa ficam prejudicadas em suas vidas.

Alguém há pouco tempo indagou por que as escolas religiosas não ensinam as pessoas a tolerarem as diferenças de opinião e a colaborarem pelo bem comum. É isso, porém, que essas instituições se recusam a fazer. Escolas religiosas foram criadas, mas são vistas como necessárias para fornecer trabalhadores para locais distantes e manter vivas as propensões sectárias pelas quais os batistas esperam superar os metodistas e vice-versa. Nenhum professor dessas escolas apresentou um único pensamento que tenha se tornado um princípio operativo no cristianismo, e nenhum desses centros merece ser considerado uma escola de teologia. Se alguém reunisse todos os professores dessas escolas e os avaliasse com cuidado, não encontraria em todo o grupo um número suficiente de pessoas qualificadas para conduzir uma escola religiosa reconhecida. A grande maioria compartilha com a juventude as teorias ultrapassadas do opressor ignorante.

A falta de professores qualificados nas escolas negras de teologia, contudo, não é uma falha apenas dos próprios professores. É amplamente devida ao sistema a que pertencem. Suas escolas de "teologia" são empobrecidas por sua multiplicação desnecessária e, consequentemente, os instrutores são mal pagos ou nem mesmo remunerados. Muitos deles têm de trabalhar numa fazenda, chefiar empresas ou atuar como pastores em igrejas enquanto tentam ensinar. Muitas vezes, então, só os ineficientes podem ser mantidos em tais circunstâncias. Mas os que percebem que seu fracasso se deve por causa dessas coisas ainda assim se opõem à unificação das igrejas, como ensinado por Jesus de Nazaré, a quem praticamente deixaram de seguir em

A DES-EDUCAÇÃO DO NEGRO   79

função dos preconceitos sectários obtidos de livros ensebados escritos por americanos e europeus equivocados.

Recentemente um observador viu o resultado disso no sermão de um pastor formado numa faculdade negra, que tentava pregar para uma igreja das massas. Ele se referiu a todos os grandes homens da história de certo país para mostrar como haviam sido religiosos, quer fossem de fato ou não. Quando tentou mostrar o caráter cristão de Napoleão, contudo, várias pessoas sentiram vontade de sair dali por repulsa. O clímax do culto foi uma oração conduzida por outro negro "des-educado", que passou a maior parte do tempo agradecendo a Deus por Cícero e Demóstenes. Ali estava um exemplo da religião dos pagãos transmitida ao negro pelo escravista e segregacionista.

Ao voltar da mesa em que depositara sua oferenda numa igreja, não muito tempo depois, numa manhã de domingo, esse observador viu outro exemplo notável de como não se atinge o alvo. Ele parou para perguntar a seu amigo Jim Minor por que este não tinha respondido ao pedido de doação. "O quê?", disse Jim. "Não vou dar coisa nenhuma praquele cara. Ele não me deu comida hoje de manhã, e eu não vou dar comida pra ele."

Essa foi a reação de Jim a um sermão "acadêmico" intitulado "A humilhação da encarnação". Durante sua pregação, o pastor também falou muito sobre John Knox, o Ortodoxo, e outro fiel que assistira ao culto perguntou mais tarde ao observador quem era essa pessoa e onde havia morado. O observador não pôde responder todas as questões, mas tentou explicar da melhor forma possível, dizendo que o orador tinha "estudado" história e teologia.

Esse foi o efeito do sermão sobre uma congregação séria. O pastor frequentou uma escola de teologia, mas tinha apenas decorado palavras e frases que significavam pouco para ele e nada para os que ouviram o sermão. A escola em que fora treinado seguia o curso tradicional para pastores, dedicando a maior parte do tempo a línguas mortas e a temas anacrônicos. Ele tinha dedicado sua atenção ao politeísmo, ao monoteísmo e à doutrina da Trindade. Tinha estudado toda a base filosófica do dogma caucasiano, os elementos dessa teologia e o cisma pelo qual fanáticos haviam transformado a religião num jogo de futebol e multiplicado as guerras apenas para irrigar o solo da Europa com o sangue de homens inocentes.

O pastor não dera atenção aos antecedentes religiosos dos negros para quem estava tentando pregar. Não sabia nada sobre seus dotes espirituais e sua experiência religiosa como tendo sido influenciados pela tradição e pelo ambiente em que a religião do negro se desenvolveu e se expressou. Não parecia saber coisa alguma sobre a situação atual do negro. Essas pessoas honestas, portanto, não tinham aprendido nada quando ele terminou sua fala. Como um fiel assinalou, suas vontades não tinham se concretizado e eles queriam saber onde teriam de ir para ouvir um sermão que tivesse alguma relevância para a vida que teriam de levar.

Não muito tempo atrás, quando estava na Virgínia, este autor indagou sobre um homem que havia sido um pregador muito popular naquele estado. Ele está aqui, disseram, mas agora não está pregando. Foi para a escola e, quando voltou, as pessoas não conseguiam entender o que ele falava. Então ele começou a encontrar defeitos nas pessoas porque elas não iam à igreja. Chamou-as de fanáticas porque rejeitavam seu novo estilo de pregação e as coisas sobre as quais falava. A igreja foi à falência e ele por fim a abandonou para se dedicar à agricultura.

Numa comunidade rural, então, um pregador desse tipo se torna uma nulidade a menos que possa organizar separadamente os membros das igrejas populares batista e metodista, atendendo aos "10% talentosos". Por falta de números adequados, contudo, essas igrejas não conseguem desenvolver força suficiente para fazer muita coisa por si mesmas ou por quem quer que seja. Nas manhãs de domingo, então, seus pastores têm de pregar para os bancos. Embora essas igrejas mutiladas possam ir mais longe em sua própria atmosfera de autossatisfação, elas deixam que os mentalmente subdesenvolvidos afundem mais ainda pela falta de contato com os de melhor instrução. Se estes últimos exercessem um pouco mais sua capacidade de avaliação, poderiam influenciar essas pessoas de maneira positiva, introduzindo aos poucos ideias avançadas.

Como os "altamente instruídos" entre nós não fazem isso, muitos negros são levados para igrejas conduzidas por pastores "não educados" que mal sabem ler e escrever. Esses pastores não conhecem muito do que se encontra nos livros escolares e dificilmente são capazes de fazer uso de uma biblioteca para preparar um sermão; mas entendem as pessoas com que lidam e fazem uso desse laboratório humano de tal forma que às vezes se tornam especialistas em resolver problemas vexatórios e atender necessidades sociais. Seriam pregadores muito melhores se pudessem ter frequentado uma escola dedicada ao desenvolvimento da mente em vez de abarrotá-la de assuntos supérfluos que não têm relevância para a tarefa que se estende diante deles. Infelizmente, porém, agora existem pouquíssimas escolas assim.

Desse modo, pela falta de uma orientação inteligente, a igreja negra muitas vezes realiza uma missão oposta àquela para a qual foi criada. Como a igreja negra é um campo livre e é amplamente controlada pelos próprios negros, parece que quase todos os incompetentes e indesejáveis que foram impedidos de seguir outros caminhos em função do preconceito racial e de dificuldades econômicas recorreram ao sacerdócio a fim de explorar as pessoas. Assim, pastores honestos que tentam cumprir o seu dever têm sua tarefa dificultada por esses homens que se dobram diante de praticamente qualquer coisa concebível. Quase qualquer pessoa do pior tipo pode chegar ao sacerdócio negro. Os metodistas afirmam ter regras estritas para evitar isso, mas sua rede atrai proporcionalmente o mesmo número de indesejáveis que se pode encontrar entre os batistas.

Como prova da profundidade do poço em que a instituição se meteu, um morador de Cincinnati recentemente relatou um exemplo da exploração de uma igreja por um ferroviário que havia perdido o emprego e, mais tarde, suas posses apostando num antro de vício naquela cidade. Para recompor suas finanças, ele pegou uma velha sobrecasaca e uma Bíblia e se dirigiu ao coração do Tennessee, onde organizou uma série de reuniões longas e delirantes que o conectaram a 299 convertidos à fé e lhe proporcionaram quatrocentos dólares em dinheiro vivo. Pôde assim retornar ao jogo em Cincinnati e segue em atividade. Outros casos são relatados com frequência.

A grande maioria dos pregadores negros de hoje, então, não está fazendo nada além de manter o medo medieval do fogo do inferno que os brancos já abandonaram há muito tempo para enfatizar a tendência humanitária da religião por meio da educação sistematizada. Os jovens da raça negra poderiam ser mantidos na igreja por um programa desse tipo, mas o cristianismo negro não concebe a elevação social como um dever da igreja e, consequentemente, as crianças negras não foram adequadamente preparadas em assuntos religiosos para enfrentar as demandas sociais colocadas sobre elas. Rejeitando o medievalismo, então, esses jovens despreparados não veem nada demais em produzir bebidas clandestinas, cair na jogatina e participar de atividades ilegais como formas de ocupação; e encontram grande satisfação em fumar, beber e fornicar como diversão. Não podem aceitar as velhas ideias e não compreendem as novas.

O que a igreja negra é, contudo, tem sido determinado amplamente por aquilo que o homem branco ensina à raça por regras e exemplo. Devemos lembrar que os negros aprenderam sua religião com os primeiros meto-

A DES-EDUCAÇÃO DO NEGRO   83

distas e batistas brancos que evangelizaram os escravos
e os pobres brancos ao serem impedidos de doutrinar a
aristocracia. Os próprios brancos americanos ensinaram
os negros a se especializarem indevidamente no ritual do
"Louvado seja Deus" e do "Aleluia". No Caribe, entre os
anglicanos e os latinos, os negros não mostram essa emo-
tividade. São frios e conservadores.

Além disso, alguns brancos americanos são tão atrasados a esse respeito quanto os negros que tiveram menos oportunidades de um ensino melhor. Em Miami, na
Flórida, não muito tempo atrás, este autor descobriu que
em duas "Igrejas de Santidade"* os brancos constituíam
um terço ou um quarto dos fiéis. Os brancos se juntavam
fervorosamente com os negros em seu "louvor ardente", e
alguns pareciam ser "mais ardentes que louvadores".

Alguns meses atrás, em Huntington, na Virgínia Ocidental, onde o autor estava se divertindo com amigos,
a festa foi perturbada a noite toda pelos gritos insanos
de frequentadores brancos de uma "Igreja de Deus" que
ficava do outro lado da rua. Lá eles se entregavam diariamente de tal forma aos brados e aos gritos proferidos
em "línguas desconhecidas", que os negros tiveram de
denunciá-los à polícia por perturbação da ordem. Este
autor fez um estudo cuidadoso da igreja negra, mas nunca viu negros fazerem alguma coisa que superasse a performance desses profanos.

As ideias de moral dos negros americanos também
foram emprestadas de seus donos. Não seria de esperar
que o negro atingisse um padrão mais elevado que os de
sua classe governante aristocrática afogada no pecado e
no vício. Esse estado de coisas corrupto não desapareceu
facilmente. Os negros nunca viram exemplos marcantes
entre os brancos para ajudá-los em matéria de religião.
Mesmo durante o período colonial, os brancos afirma-

---

* *Holiness churches*, no original. (N. E.)

vam que seus pastores enviados às colônias pela Igreja anglicana, precursora da Igreja episcopal protestante nos Estados Unidos, constituíam uma classe degenerada que explorava as pessoas a fim de obter dinheiro para gastar com corridas de cavalos e beber destilados. Alguns desses pastores eram conhecidos por manterem relações ilícitas com mulheres e, portanto, fecharem os olhos aos pecados cometidos pelos funcionários de suas igrejas, que vendiam os próprios filhos gerados com escravas.

Embora este autor tenha nascido dez anos depois da Guerra Civil, a moral e a religião daquele regime continuaram até os dias de hoje. Muitos homens brancos ricos ou bem de vida que eram membros de igrejas no Condado de Buckingham, na Virgínia, se entregavam à poligamia. Tinham uma família com uma mulher branca e outra com uma mulher de cor ou pobre. Tanto o proprietário da maior pedreira de ardósia quanto o dono da maior fábrica daquele condado viviam dessa maneira. Um era um episcopal proeminente, e o outro, um católico distinto.

Um dia o capataz da fábrica, um diácono polígamo da Igreja batista branca local, convocou os operários ao meio-dia para uma breve cerimônia religiosa em homenagem a Parson Taylor, que por quase meio século foi o pastor da grande igreja batista branca daquela área. O capataz fez algumas observações sobre o distinto sacerdote e depois cantou "Vamos nos encontrar do outro lado do rio?". Por mais que tentasse, porém, este autor não conseguiu deixar de imaginar durante todo o tempo se quem receberia o capataz do outro lado seria a mulher branca ou a amante de cor, e o conflito que ocorreria se caíssem num arranca-rabo à moda antiga. Apesar de suas ligações clandestinas, contudo, esse capataz acreditava ser um cristão, e quando morreu seu panegirista encomendou sua alma a Deus.

Alguns anos depois, quando este autor estava fazendo seu aprendizado de seis anos numa mina de carvão da Virgínia Ocidental, ele encontrou em Nutallburg um sacristão muito fiel da Igreja episcopal da área. Era o mais devoto do ponto de vista de seus colegas de trabalho. Mas, no âmbito privado, esse homem se gabava de ter participado do linchamento extremamente brutal de quatro negros que encontraram a morte nas mãos de uma turba enfurecida em Clifton Forge, na Virgínia, em 1892.

Fica muito claro, assim, que se os negros receberam a concepção de religião de proprietários de escravos, libertinos e assassinos, deve haver alguma coisa de errado com ela e não faria mal investigar. Diz-se que os negros não estabelecem uma ligação entre moral e religião. O historiador gostaria de saber que raça ou nação o faz. Sem dúvida os brancos com que os negros entraram em contato não faziam isso.

Desestímulo à educação profissional

Na preparação para outras profissões que não o sacerdócio ou o ensino, o negro não recebe pleno apoio. Qualquer comentário extenso sobre a educação profissional feito por negros deve ser principalmente negativo. Não temos escolas profissionais suficientes que possam sustentar uma estimativa do que o educador negro pode fazer nessa área. Se foram cometidos enganos na des-educação profissional do negro, não se deve colocar tanto a culpa nos próprios negros quanto em seus amigos que realizaram essa tarefa. Estamos lidando aqui, portanto, principalmente com informações obtidas do estudo de negros que foram profissionalmente treinados por brancos em suas próprias escolas e em instituições mistas.

O maior número de negros em profissões que não o sacerdócio ou a educação é constituído de médicos, dentistas, farmacêuticos, advogados e atores. Os números nessas e em outras áreas não cresceram de modo adequado em função da condição econômica dos negros e provavelmente da falsa concepção do papel do profissional na comunidade e da relação desta com ele. As pessoas que os profissionais negros se voluntariam a servir nem sempre lhes deram apoio suficiente para desenvolver a reputação e a solidariedade que tornarão sua posição profissional e influente. A maioria dos brancos em contato com negros, sempre os professores de seus pretinhos, por preceito e por prática, tratam as profissões como esferas aristocráticas a que negros não devem aspirar. Temos, então, um número muito menor do que aqueles que em diferentes circunstâncias teriam ousado cruzar a linha; e os que o fizeram foram forçados a se render por brancos incapazes de tratá-los como membros de uma classe profissional. Isso tornou impraticável que negros empregassem a própria raça em áreas nas quais não poderiam trabalhar com eficiência. Por exemplo, em função de uma lei que diz que um homem não pode ser admitido na ordem dos advogados em Delaware sem praticar por um ano sob a supervisão de um profissional da área naquele Estado (e, até alguns anos atrás, nenhum advogado branco daria essa oportunidade a um negro), só há pouco tempo é que um negro foi admitido lá.

Assim, os negros aprendiam com seus opressores a dizerem a seus filhos que havia certas áreas em que não deveriam entrar porque não haveria oportunidade de se desenvolverem. Em vários lugares, jovens eram desestimulados e ensinados a ter medo de certas profissões devido ao baixo desempenho dos que tentaram atuar nelas. Poucos tiveram a coragem de enfrentar esse suplício; e, em parte por causa disso, várias instituições para negros foram fechadas trinta ou quarenta anos atrás.

Isso é especialmente válido para as escolas de direito, fechadas durante a onda de legislação contra o negro, na mesma época em que o maior número possível de negros precisava conhecer a lei para proteger seus direitos civis e políticos. Em outras palavras, a coisa de que o paciente mais necessitava para ultrapassar a crise lhe foi tirada para que ele pudesse morrer com mais facilidade. Essa lei, entre tantas outras, é um notável monumento à estupidez ou à malevolência dos responsáveis pelas escolas de negros, e serve como uma demonstração veemente da des-educação da raça.

Quase todo observador se lembra com clareza das atribulações dos advogados negros. Um exemplo marcante

A DES-EDUCAÇÃO DO NEGRO   89

dessas dificuldades foi fornecido pelo exemplo do primeiro advogado negro a se estabelecer permanentemente em Huntington, na Virgínia Ocidental. Este autor o havia encarregado de corrigir um erro na transferência de uma propriedade adquirida de um dos advogados brancos mais populares do Estado. Por seis meses essa transação simples foi adiada, e o advogado negro não pôde induzir o branco a agir. Por fim, este autor foi ao escritório para se queixar do atraso. O advogado branco declarou claramente que não tinha assumido o assunto porque não queria tratar com um advogado negro; mas trataria com este autor, que por acaso atuava na época como professor de uma escola negra, estando, portanto, no seu devido lugar.

Na mesma época, os negros envolvidos na medicina e em áreas correlatas eram encarados do mesmo modo. Tinham dificuldade em fazer com que sua própria gente acreditasse que pudessem tratar de um doente, implantar um dente ou redigir uma receita. Os brancos diziam que eles não eram capazes de fazer essas coisas; e, evidentemente, se os brancos diziam isso, a maioria dos negros ficava preocupada. Nessas áreas, contudo, demonstrações concretas do contrário convenceram um número suficiente tanto de negros quanto de brancos de que tal atitude em relação a essas categorias é falsa, mas ainda há muitos negros que seguem esses ensinamentos antigos, em especial os "altamente instruídos" que foram apresentados na escola às razões "científicas" para isso. É um processo muito notável que, enquanto num departamento de uma universidade um negro pode estar se preparando para uma profissão, em outro departamento da mesma universidade estejam mostrando a ele como um profissional negro não pode ser bem-sucedido. Alguns dos "altamente instruídos", então, deixam-se atender por aqueles que são inferiores aos negros, que acabam por ultrapassá-los. Embora tenha havido um crescimento nessas áreas particulares, os negros ainda são sub-representados nas profissões em geral, com exceção do ensino e do sacerdócio.

Da mesma forma, o negro era desestimulado e dissuadido de seguir carreira como projetista, desenhista, arquiteto, engenheiro e químico. Os brancos, diziam-lhes, não vão empregá-lo e o seu povo não lhe dará tais oportunidades. A ideia de pioneirismo ou de capacitar o negro de modo que ele pudesse figurar nessa esfera não ocorria a esses monitores que preparavam os negros para o mercado de trabalho. Essa tradição ainda é um fardo pesado na educação do negro e força muitos deles a não entrarem nas áreas em que poderiam atuar, mas em outras para as quais talvez não tenham qualquer aptidão.

Em música, artes dramáticas ou correlatas, o negro também tem sido, infelizmente, mal orientado. Como tem o dom do canto e pode apresentar com mais sucesso que outros a música de seu próprio povo, dizem-lhe que não precisa de treinamento. Assim, muitos dos que assumiram uma função nessa área sem uma preparação adequada se desenvolveram apenas até certo ponto, além do qual não têm capacidade para ir. Não é fácil estimar o que os intérpretes populares negros e sua música poderiam ter se tornado se fossem ensinados de outra forma.

Podemos citar vários exemplos disso. Um homem distinto, falando há pouco tempo como membro de uma grande igreja episcopal que mantém uma missão religiosa para negros, mencionou sua objeção ao orçamento de 1500 dólares por ano para a música desses fiéis segregados. Como os negros são naturalmente dotados para a música, ele não acredita que nenhum treinamento ou direção dispendiosos eram necessários. O pequeno número de faculdades e universidades negras que fazem preparação musical para o negro é mais uma evidência de que este é quase perfeito nessa área e deve dirigir sua atenção para os currículos tradicionais.

Também é evidente a mesma incompreensão em relação ao negro na arte dramática. Há muito tempo defendemos a crença de que o negro é um ator natural e não precisa de estímulo algum para se desenvolver. Essa asserção inclui a ideia de que, como o negro é bom como dançarino, comediante, menestrel e coisas desse tipo, ele está "no seu lugar" quando "se apresenta com elegância" e não precisa ser preparado para atuar nas esferas mais elevadas da arte dramática. Mal orientados, muitos negros com ambição pelo palco não cultivaram grandes possibilidades. Muitos deles acabaram obtendo papéis em cafés, cabarés e clubes noturnos questionáveis nos Estados Unidos e na Europa; e em vez de aumentarem o prestígio do negro, fazem a raça cair em desgraça.

Temos pouca percepção de nossa pobre presença nas artes dramáticas a despeito de nossa aptidão natural nessa área. Só meia dúzia de atores negros atingiu a grandeza, mas nós temos mais atores e artistas em geral do que quaisquer outros profissionais, com exceção de professores e sacerdotes. Onde estão esses milhares de homens e mulheres no mundo das artes cênicas? O que ouvimos falar deles? O que conseguiram? Seu registro mostra que apenas uns poucos atingiram o padrão dos palcos modernos. A maioria desses possíveis artistas não foi preparada para as tarefas em que se empenhara.

Um estudo cuidadoso do negro nas artes dramáticas mostra que só quem de fato dedicou seu tempo para se preparar como deveria por fim conseguiu. Sua salvação foi ter percebido que o treinamento adequado é a maneira mais segura de atingir a maturidade artística. E os poucos que assim entenderam a situação demonstram claramente nosso fracasso em educar os negros segundo as linhas em que eles poderiam ter um sucesso admirável. Algumas de nossas escolas por vezes realizaram esse trabalho imitando instituições que lidam com pessoas prejudicadas de outras formas. Porém, não foram obtidos resultados desejáveis, e o negro no palco ainda é principalmente o produto do método de tentativa e erro.

Diversas outras razões podem ser apresentadas para

muitos negros terem fracassado em alcançar um nível mais elevado. Em primeiro lugar, eles só são reconhecidos pelo homem branco em comédias de escravos e shows de menestréis,* e por causa do grande número que entra nessa área ela não consegue proporcionar um futuro brilhante para muitos aspirantes. Após ouvir o branco lhe dizer repetidas vezes que ele não podia funcionar como ator em outra esfera, o negro americano quase parou de tentar qualquer outra coisa. A carreira exitosa de Ira Aldridge em obras de Shakespeare foi esquecida até ser lembrada há pouco tempo pelo sucesso dramático de Paul Robeson como Otelo. A grande maioria dos negros se resignou, então, a atuar como palhaços e comediantes. Não tiveram coragem ou não aprenderam a romper as barreiras artificiais e ocupar um espaço mais elevado.

O autor negro não é uma exceção à regra tradicional. Ele escreve, mas se supõe que o homem branco saiba mais sobre tudo do que o negro. Então, quem se interessa por um livro que um negro escreveu sobre outro negro? Como regra, nem mesmo o próprio negro, pois, se é de fato "instruído", deve mostrar que valoriza o que há de melhor na literatura. O autor negro, assim, não consegue encontrar nem um editor nem um leitor, e sua história permanece sem ser contada. Os redatores e repórteres negros costumavam ser tratados da mesma forma, mas, graças aos tipógrafos sem instrução que fundaram a maioria de nossos jornais de sucesso, esses homens de visão tornaram possível que negros "instruídos" ganhassem a vida nessa área como se tivessem se recuperado da educação recebida e aprendido a lidar com o negro como ele é e onde está.

---

* Comédias teatrais de caráter racista, em que brancos se apresentavam com o rosto pintado de preto e os lábios, de vermelho, com o objetivo de ridicularizar os negros. (N. T.)

O descaso pela educação política

Algum tempo atrás, quando o deputado Oscar De Priest distribuía cópias da Constituição dos Estados Unidos, alguns sabichões se puseram a ridicularizá-lo. Para que serviria uma ação dessas? Esses críticos, porém, provavelmente não sabiam que milhares de crianças negras deste país são proibidas de usar livros escolares em que estejam impressas a Declaração de Independência ou a Constituição dos Estados Unidos. Thomas Jefferson e James Madison são mencionados em sua história como políticos, e não como defensores da liberdade. Esses jovens estão impedidos de aprender que, para Jefferson, o poder do governo devia derivar do consentimento dos governados.

Não faz muito tempo, foi apresentada uma medida na legislação de certo estado que determinava que a Constituição dos Estados Unidos deveria ser impressa nos livros escolares, mas, quando estava para ser aprovada, a lei foi abortada por alguém que afirmou que os negros nunca deveriam estudar a Constituição. Se tivessem a oportunidade de ler com atenção esse documento, poderiam aprender a lutar pelos direitos ali garantidos; e nenhum professor negro que se atente a tais assuntos do governo é tolerado nesses distritos atrasados. O ensino sobre o governo ou a falta deste, portanto, deve se conformar com a política de "manter o negro no seu lugar".

De forma semelhante, o ensino de história nas áreas negras tem sua importância política. Desde o final da Guerra Civil, os inimigos da liberdade e da justiça social resolveram elaborar um programa destinado a escravizar a mente dos negros, visto que a liberdade de seus corpos tinha de ser concedida. Entendeu-se bem que, se pelo ensino da história do homem branco era possível garantir ainda mais sua superioridade e fazer o negro sentir que sempre fora um fracasso, e ainda que a submissão de sua vontade a outra raça era necessária, ele continuaria sendo um escravo.

Se você consegue controlar o pensamento de um homem, não precisa se preocupar com sua ação. Quando você determina o que um homem deve pensar, não precisa se incomodar com o que ele vai fazer. Se você faz um homem sentir que é inferior, não precisa obrigá-lo a aceitar sua condição de inferioridade, pois ele vai buscá-la em si mesmo. Se você faz um homem sentir que é um rejeitado, não precisa lhe ordenar que use a porta dos fundos. Ele vai usá-la sem ser mandado; e se não houver porta dos fundos, a própria natureza dele vai exigir que haja.

Esse programa, tão popular logo após a Guerra Civil, não era novo, mas depois do conflito sua execução ganhou mais um estímulo. Histórias escritas em outros lugares sobre a antiga região de escravos foram descartadas, e se produziram novas versões da história local e nacional em conformidade com a recrudescente propaganda a fim de passar a brancos e negros uma visão enviesada do desenvolvimento da nação e das relações entre raças. Versões especiais do período da Reconstrução foram produzidas de forma aparentemente científica por demagogos que se dirigiram às primeiras escolas de pós-graduação do Leste para aprender a historiografia moderna sobre meio século atrás. Tendo o selo da ciência, o pensamento desses polemistas foi aceito em todos os centros de conhecimento. Esses reescritores da história afirmaram sem medo que a escravidão foi uma instituição benevolente;

A DES-EDUCAÇÃO DO NEGRO 95

os senhores amavam seus escravos e os tratavam de forma humanitária; os abolicionistas interferiram na instituição que os senhores acabariam modificando; a Guerra Civil provocada por "fanáticos" como William Lloyd Garrison e John Brown foi desnecessária; foi um erro transformar o negro em cidadão, pois ele só ficou numa situação pior ao incorrer no desagrado da classe senhorial, que nunca irá aceitá-lo como igual; e neste país o negro deve viver num estado de inferioridade reconhecida.

Algumas dessas teorias podem parecer idiotas, mas até historiadores do Norte foram conquistados por essa visão. Eles ignoram os trabalhos recentes da srta. Elizabeth Donnan, da sra. H. T. Catterall e do dr. Frederic Bancroft, que passaram vários anos estudando a escravidão e o tráfico de escravos. São obras científicas com o selo da melhor intelectualidade americana, tratados produzidos a partir de documentos genuínos como os registros dos tribunais da própria seção escravista, e esses autores têm prestado ao público um serviço valioso ao removerem a camada de cal que pseudo-historiadores estão lançando há mais de um século sobre a escravidão e os proprietários de escravos.

No ensino ministrado aos negros, muitos dos quais agora são professores no Sul, esses historiadores preconceituosos do Norte chegaram a convertê-los a essa fé. Há alguns anos, este autor ouviu por acaso uma conversa entre advogados negros de uma de nossas cidades do Sul, na qual eles concordaram de forma unânime com todas as afirmações disseminadas por esse programa de propaganda. Condenaram, assim, todos os reconstrucionistas que defenderam a igualdade e a justiça para todos. Esses negros tinham a visão distorcida de reescritores como Claude Bowers e nunca foram conduzidos à verdadeira história desse drama escrita por A. A. Taylor, Francis B. Simkins e Robert H. Woodly, da nova escola de pensamento sulista.

Esses críticos negros foram especialmente duros com os negros de hoje que se envolvem na agitação pela verdadeira democracia. Em certos lugares, os próprios negros se juntam aos brancos, então, para manter fora das escolas professores que possam ser tenazes o bastante para ensinar a verdade como ela é. Dizem, em geral, que as raças estão se tornando mais amigáveis agora, e não queremos que essas relações pacíficas sejam perturbadas pelo ensino de um novo pensamento político.

O que pretendem dizer sobre a relação pacífica entre as raças, então, é que os negros devem ser aterrorizados até sentirem medo de discutir temas políticos publicamente. Não deve haver exposição dos princípios do governo nas escolas, e isso não deve ser feito entre negros para estimular a atividade política. Negros envolvidos em outras áreas nessas comunidades por fim chegam ao ponto de aceitar o silêncio sobre esses assuntos como uma política estabelecida. Sabendo que uma ação contrária significa a lei das turbas, que pode destruir a paz e a propriedade da comunidade, eles próprios constituem uma espécie de comitê de justiceiros para orientar seus membros de maneira adequada.

Alguns anos atrás, um diretor de escola secundária de aparência bem juvenil numa grande cidade foi demitido sem cerimônias por ter dito de maneira jocosa ao presidente do conselho de educação, em resposta a um comentário sobre seu aspecto jovial, "sou velho o suficiente para votar". "Que horror!", disse o diretor enfurecido. "Ponham-no para fora. Nós o trouxemos para cá para ensinar esses negros a trabalhar, e ele está pensando em votar." Uns poucos negros proeminentes do lugar resmungaram um pouco, mas não fizeram nada de efetivo para corrigir essa injustiça.

Em certos lugares, portanto, os negros submetidos a esse tipo de terrorismo deixaram de pensar que temas políticos podiam ser sua área. Onde essas coisas chegam ao ensino em trabalhos mais avançados, são apresentadas

A DES-EDUCAÇÃO DO NEGRO   97

como motivos de preocupação para determinado elemento, e não como funções das quais todos os cidadãos devem participar. O resultado é que os negros crescem sem saber sobre temas políticos que deveriam preocupar a todos os cidadãos. Para evitar que os negros aprendam muito sobre essas coisas, os brancos também são por vezes ignorados nas escolas, mas eles têm a oportunidade de aprender por contato, pela observação atenta e pela verdadeira participação nos assuntos do governo.

Assim, em certos lugares, os negros abandonaram o voto mesmo onde poderia ser permitido. Em alguns casos, o número de votantes negros num estado inteiro não chega a duzentos. Com uma legislação especial que impõe testes de alfabetização e o pagamento de taxas, esse número foi reduzido à insignificância, e os poucos que podem atuar dessa maneira não o fazem porque são muitas vezes excluídos quando têm o voto decisivo.

Os testes estabelecidos para a restrição do sufrágio não se destinavam a estimular a educação política, mas servir como um subterfúgio para eliminar o voto dos negros. Quando estes se apresentam para obter o registro, pedem que realizem a tarefa impossível de expor partes da Constituição que confundem tribunais superiores; porém aos brancos são feitas perguntas simples, que quase todo analfabeto é capaz de responder. Desse modo, os negros, embora inteligentes, são excluídos, enquanto todos os brancos ignorantes podem votar. Assim, essas leis não estimulam, mas retardam a educação política de ambas as raças. Tal conhecimento é aparentemente inútil para os negros e desnecessário para os brancos, pois os negros não ganham de imediato por detê-lo, e os brancos podem funcionar como cidadãos sem ele.

O efeito desse sistema unilateral é sem dúvida negativo. Não se percebe isso até conversar com homens e mulheres desses distritos que, devido à negação dos privilégios, perderam o interesse por questões políticas. Um agente literário trabalhando numa área de plantation do Mississippi testou o conhecimento de negros sobre esses assuntos fazendo-lhes perguntas sobre os governos local e estadual. Descobriu que eles não sabiam quase nada sobre o assunto. Foi difícil encontrar algum que soubesse quem era o presidente dos Estados Unidos. Encontram-se professores, médicos e sacerdotes que não conhecem o funcionamento comum dos tribunais, as atividades do conselho, do júri ou do juiz, a menos que esse conhecimento tenha sido amargamente imposto por algum tribunal da injustiça. Alguns negros "instruídos" não prestam atenção a temas importantes como "a avaliação da propriedade e a coleta de impostos" e não se informam sobre como essas coisas são elaboradas. Um negro influente do Sul, portanto, não tem nada a fazer ou dizer sobre política e aconselha outros a seguirem o mesmo caminho.

Assim, a eliminação do negro da política é muito lamentável. Os brancos podem ter lucrado com isso temporariamente, mas mostraram muito pouca sagacidade. Como os brancos pretendem fazer dos negros cidadãos melhores levando-os a pensar que não devem fazer parte do governo de seu país é um mistério. Para manter um homem acima da vagabundagem e do crime ele precisa, entre outras coisas, do estímulo proporcionado pelo patriotismo, mas como um homem pode ser patriota quando o efeito de sua educação é o contrário?

A pouca oportunidade que o negro tem de aprender pela participação na política, na maior parte do Sul, agora se restringe infelizmente à corrupção. A agitação usual sobre a eleição de delegados para a Convenção Nacional Republicana dos Estados do Sul e o costumeiro combate que os negros têm com extremistas brancos corruptos são praticamente os únicos temas políticos que atraem a atenção deles no Baixo Sul. Nem a facção negra nem a branca, de modo geral, fazem qualquer esforço para restaurar o sufrágio dos negros.

O objetivo é apenas o controle dos delegados e do patrocínio federal para os aspectos financeiros envolvidos. Para isso, eles recorrem a numerosas disputas, culminando no fechamento de hotéis e no bloqueio de portas para a realização de encontros secretos. Já que essa é a única atividade de que os negros podem participar, eles aprenderam a encará-la como honrosa. Muitos negros ficam empolgados com as disputas e lhes dão muita publicidade no púlpito e na imprensa como tema de grande importância. Os métodos desses corruptos de ambas as raças, contudo, deveriam ser condenados como uma desgraça para o estado e para a nação.

Mas, em vez de fazerem alguma coisa para se livrarem dessa laia, encontramos negros "altamente instruídos" tentando mergulhar na lama. Um dos aspectos mais desestimulantes da vida dos negros observado recentemente foi o de uma campanha presidencial. Negros proeminentes vinculados a três ou quatro instituições de ensino de ponta abandonaram temporariamente o serviço a fim de colher votos para um dos candidatos. O objetivo, como ficou evidente, era controlar para seus serviços de campanha os poucos empregos comuns disponíveis para políticos negros. Quando o candidato vencedor tomou posse, porém, ele os ignorou deliberadamente na composição de sua equipe administrativa e em geral tratou os negros com desprezo. Quando se pensa no fato de que os negros que estão sendo usados são supostamente os líderes mais respeitáveis e os homens mais instruídos, deve-se imaginar se o negro teve algum progresso desde a Emancipação. O único consolo que podemos tirar disso é que eles podem não representar a raça como um todo.

No Norte, os negros têm mais chance de adquirir conhecimento sobre assuntos políticos simples, mas os chefes não acham que seja recomendável esclarecê-los de maneira mais ampla. Em alguns lugares, negros são empregados em campanhas, mas não se supõe que discutam temas do momento como livre-comércio, tarifas protecionistas, o Tribunal Mundial e a Liga das Nações. Esses empregados negros devem dizer ao seu povo como um político que concorre a um cargo eletivo contratou mais mensageiros ou faxineiras negros do que outro ou como o avô do candidato se manteve ao lado de Lincoln e de Grant durante seu calvário, elevando assim o nível da raça. Outra importante tarefa dos negros empregados desse modo é atacar o outro partido, mostrando como ele foi hostil ao negro enquanto o partido altamente favorável estava fazendo tanto pela raça.

O procedimento desses chefes é interessante. De início, o homem branco usava o líder negro, pagando-lhe ocasionalmente um drinque. O passo seguinte foi lhe dar dinheiro suficiente para oferecer drinques em nome do candidato. Quando beber às custas do candidato se tornou muito comum, os políticos recorreram à distribuição de fundos em pequenas quantidades. Quando isso por fim se mostrou insuficiente, contudo, os políticos tiveram de avançar um pouco mais e oferecer empregos nos bastidores pelas leis Jim Crow, entendendo que as funções ditas de escritório seriam apenas formais e os encarregados não teriam contato próximo com pessoas brancas. É nesse estágio que os negros se encontram hoje em dia.

O aspecto indesejável dessa questão é que o negro, apesar das mudanças de um método de abordagem para outro, nunca foi levado ao círculo interno do partido a que está afiliado. É sempre mantido do lado de fora e usado como meio para um fim. Para obter a escassa consideração que recebe, o negro deve trabalhar clandestinamente pela porta dos fundos. O homem branco não precisou mudar esse procedimento, pois até poucos anos atrás era possível satisfazer a maioria dos negros com as poucas posições políticas carimbadas como "empregos para negros" e esmagar os que exigiam mais reconhecimento.

A DES-EDUCAÇÃO DO NEGRO   101

Também é lamentável que esse grande número de negros não tenha conhecimento ou moral para fazer outra coisa que não apostar toda a sua sorte na política. A história mostra que nenhuma raça, em especial um grupo minoritário, resolveu um problema importante se baseando apenas numa coisa, e sem dúvida estabelecendo sua força política de um lado da cerca por conta de promessas vazias. Existem negros que percebem isso, mas esses pensadores são mantidos na retaguarda pelos traidores da raça para evitar que as massas sejam esclarecidas. Os políticos fraudulentos são as únicas pessoas por meio das quais os traidores agem em relação ao negro, e há sempre um número suficiente de eleitores mentalmente subdesenvolvidos que lhes fornecem um grande número de seguidores.

Mesmo os poucos negros eleitos são muitas vezes igualmente desinformados e mostram falta de visão. Eles dão pouca atenção aos problemas mais graves da nação; e, nos corpos legislativos para os quais foram eleitos, se limitam, em geral, a questões que dizem respeito aos próprios negros, como linchamentos, segregação e impedimento ao voto, que eles conheceram bem por experiência própria. Isso indica um passo atrás, pois os negros que tiveram assentos no Congresso e nas Assembleias Estaduais durante a Reconstrução trabalharam pela aprovação de medidas voltadas a todos os elementos da população, independentemente da cor. Historiadores ainda não esqueceram o que esses estadistas negros fizeram ao defenderem a educação pública, os aprimoramentos internos, a mediação, a coleta de impostos e a marinha mercante.

A perda de visão

A história mostra, portanto, que, como resultado dessas forças incomuns na educação do negro, ele aprende facilmente a seguir o caminho de menor resistência em vez de enfrentar os obstáculos em busca daquilo que a verdadeira história mostrou ser o caminho certo. Uma mente que permanece na atmosfera atual nunca se desenvolve o suficiente para vivenciar o que em geral se conhece como pensamento. Nenhum negro submerso no gueto, então, terá uma concepção clara da condição atual da raça ou clarividência suficiente para planejar para o futuro; e ele se desvia tanto em direção à acomodação que perde a coragem moral. Assim, a educação do negro se torna um dispositivo perfeito de controle a partir de fora. Os que deliberadamente a promovem têm motivos para rejubilar-se, e os próprios negros exultantes defendem a causa do opressor.

A comparação dos registros dos porta-vozes da raça de hoje com os do século XVIII mostra uma rendição moral. Durante a prolongada luta nos Estados Unidos entre franceses e ingleses, os negros sustentaram o equilíbrio do poder em vários pontos estratégicos e o usaram de maneira adequada; hoje o negro se considera irrelevante porque pode ser colocado de um lado da cerca. O mesmo equilíbrio do poder também se evidenciou durante a Revolução Americana, quando soldados negros insistiram em servir lado a lado com outros; hoje, muitos negros se contentam em serem subalternos no Exército. Naquela época, os negros pregavam para congregações mistas; hoje, encontramos negros ocupados em separá-las. O negro do século XVIII se sentia ofendido por coisas como distinções sociais; hoje negros estão dizendo que não querem igualdade social. Negros daquela época diziam, acompanhando o velho poeta, "sou um homem e não julgo nada que se relacione ao homem uma questão indiferente para mim"; hoje, contudo, o negro médio diz: "Ora, sou um homem de cor, e vocês brancos devem resolver esse assunto entre vocês".

Numa data ainda mais distante, o negro americano mostrou mais coragem do que o faz hoje com todo esse suposto esclarecimento. Quando negros livres foram aconselhados, cem anos atrás, a irem para a África, responderam que nunca se separariam da população escrava deste país, pois eram irmanados pelos "laços da consanguinidade, do sofrimento e do erro". Hoje, o negro do Norte dá as costas ao rude migrante do Sul que traz consigo o problema da raça, mas traz também mais frugalidade e progresso de fato do que o negro do Norte sonhou ter.

Quando, novamente em 1816, negros livres como Richard Allen, James Forten e Robert Purvis eram apresentados como um elemento estranho cuja condição social não era segura neste país, em vez de permitir que o colonialista os deixasse de lado como criminosos deportados para uma praia distante, eles respondiam de maneira correta que o solo em que nasceram nos Estados Unidos é seu único e verdadeiro lar. "Aqui seus pais lutaram, sangraram e morreram por este país e aqui eles pretendiam ficar." Hoje, quando certas coisas acontecem, você encontra negros que aparecem na cena para ver quanto dinheiro podem obter para ajudar na proposta de desconstrução da raça.

Enfatizando ainda mais esse pensamento alguns anos depois, Nathaniel Paul, um pregador batista de Albany, informou ao colono que os negros livres não permitiriam que seus traidores formulassem um programa para

A DES-EDUCAÇÃO DO NEGRO 105

a raça. Você pode ir em frente com seu plano de deportar esse elemento para garantir a escravidão, advertiu ele; mas os negros livres nunca vão emigrar para a África. "Vamos permanecer aqui e lutar até que o monstro abominável seja esmagado. A escravidão tem de acabar."

"Se eu acreditasse que ele continuaria para sempre", disse ele, "e que até o fim dos tempos aquele homem teria permissão de impor, com imunidade, a mesma autoridade indevida sobre seu confrade, eu negaria qualquer aliança ou obrigação que tivesse com as criaturas que são minhas semelhantes ou qualquer submissão que eu devesse às leis do meu país! Eu negaria o poder de comando da Divina Providência nos assuntos desta vida; eu ridicularizaria a religião do Salvador do mundo e trataria os pregadores do eterno evangelho como se fossem o pior dos homens; consideraria a Bíblia como um livro de fábulas falsas e ilusórias e a lançaria às chamas; ou melhor, eu iria mais além; eu me confessaria um ateu e negaria a existência de um santo Deus."

E esses negros de um século atrás fincaram pé e lutaram firmemente contra os defensores pró-escravatura de deportações, pois, com exceção de uns poucos pioneiros, os emigrantes que chegaram à Libéria eram, em sua ampla maioria, escravos alforriados sob a condição de que permanecessem na África. Esses libertos, então, não podiam ter outros ideais a não ser os da área escravista da qual tinham sido enviados. Eles estabeleceram, portanto, uma escravocracia na Libéria. Se esse país fracassou, então, isso não é prova do fracasso do negro no governo. É apenas uma evidência do fracasso da escravidão.

Os negros que atacaram o sistema segregacionista de Jim Crow quase um século atrás questionaram corajosamente a constitucionalidade dessa política. Falando através do Charles Lenox Remond* daquela época, eles

---

* Famoso orador, ativista e abolicionista americano de Massachusetts, nascido em 1813 e falecido em 1873. (N. T.)

disseram: "Há uma distinção entre direitos sociais e civis. Todos nós afirmamos o privilégio de escolher nossa sociedade e nossas associações, mas, pelos direitos civis, um homem não tem a prerrogativa de definir os direitos de outro. Essas distinções [de raça] recaem em toda a sua perversidade — para não falar da coisa odiosa e absurda planejada e sistematizada — sobre aqueles que são antiliberais e cruéis o suficiente para praticá-las".

Em nossos dias, porém, encontramos alguns negros "altamente instruídos" que aprovam a segregação à Jim Crow. Por exemplo, não faz muitos anos um notável pregador batista, aventurando-se na política da Virgínia Ocidental, sugeriu aos brancos que decretassem uma lei segregacionista à Jim Crow para vagões de trem no estado, e tivemos dificuldade em aniquilar esse sentimento. Alguns anos depois, este autor ouviu um de nossos bispos dizer que não deveríamos ser contra essa separação, pois queríamos ser deixados sozinhos. Quando esse clérigo distinto morreu, os traidores da raça louvaram aos céus por ele; e membros insensatos da raça, pensando que ele o merecia, juntaram-se aos brados na aclamação.

Dessa forma, a ampla maioria dos negros "instruídos" no Estado Unidos aceitou a segregação e se tornou seu defensor intrépido. Suas mentes abarrotadas mas subdesenvolvidas não lhes possibilitaram entender que, embora um opiáceo possa oferecer um alívio temporário, não pode eliminar a causa da dor. Nesse caso, nós nos rendemos por princípio para satisfazer a turba, mas ainda não encontramos uma solução final para o problema em pauta. Em nossa dita democracia, estamos acostumados a conceder à maioria aquilo que ela quer, em vez de educá-la para compreender o que é melhor para ela. Não mostramos ao negro como superar a segregação, mas o ensinamos a aceitá-la como definitiva e justa.

Podemos citar muitos resultados dessa política. O trabalhador branco se recusa a trabalhar com negros pela

A DES-EDUCAÇÃO DO NEGRO   107

falsa tradição de que este é um ser inferior, e ao mesmo
tempo o negro, pela mesma razão, contenta-se com serviços subalternos e trabalho pesado. O político exclui o
negro dos conselhos de seu partido e do governo porque
aprendeu que isso é necessário para manter a supremacia de sua raça; o negro, formado na mesma escola de
pensamento, aceita isso como definitivo e luta por essa
mísera consideração que os chefes podem lhe conceder
de maneira relutante. Um morador irado de um distrito
exclusivo protesta contra uma invasão de negros porque
aprendeu que essas pessoas pauperizadas são portadoras
de doenças e agentes do crime; os negros, acreditando
que isso é verdade, permanecem satisfeitos no gueto. O
pai irracional defende a separação das raças em algumas
escolas porque seu filho vai ocupar um assento ao lado
de um aluno com sangue africano "contaminado"; o negro instruído aceita isso como inevitável e saúda a escola
improvisada destinada a seu povo. Filhos de negros são
excluídos de parquinhos pela afirmação de que vão con-
taminar os filhos dos brancos; os negros complacentes se
acomodam a uma política pela qual seus filhos são criados de forma negligente nas áreas mais indesejáveis da cidade. O negro é forçado a viajar num vagão de Jim Crow,
segregado, para que a ele se aplique com mais facilidade o
crachá de sua "inferioridade"; o negro "instruído" aceita
isso como algo estabelecido e abandona a luta contra sua
proscrição social.

E assim caminha a segregação, que é um dos problemas de maior alcance na história do negro desde a escravização da raça. Com efeito, é uma sequela da escravidão. Tornou-se possível em função de nosso sistema que
des-educa pessoas inocentes que não sabiam o que estava
acontecendo. É tão sutil que homens a promovem sem saber o que estão fazendo.

Há uns poucos defensores da segregação que são sem
dúvida sinceros. Embora oficialmente livres, nunca fo-

ram esclarecidos o bastante para verem esse tema de uma forma diferente dos escravos. Podemos citar exemplos de negros que se opuseram à emancipação e condenaram os abolicionistas. Uns poucos que se tornaram livres reescravizaram a si mesmos. Um número maior ainda não se esforçou para se tornar livre porque não queria se desvincular de seus senhores, e essa espécie ainda se opõe à liberdade total.

Desde a Guerra Civil, quando negros tiveram pela primeira vez a oportunidade de participar da administração de seus negócios, eles são incoerentes e indiferentes. Tentam ganhar alguma coisa num dia insistindo na igualdade para todos ao mesmo tempo que se empenham em ganhar algo mais no dia seguinte defendendo a segregação. Num momento, negros lutam pela democracia, e no momento seguinte, a permutam por alguma vantagem temporária. Você não pode ter uma coisa e simultaneamente descartá-la.

Por exemplo, os líderes políticos negros do período da Reconstrução exigiam o sufrágio e o direito de exercer funções, servir nas milícias e ter lugar no júri; mas poucos deles queriam que crianças brancas e de cor frequentassem a mesma escola. Ao se expressarem sobre educação, a maioria deles assumia a posição de segregacionistas; e Charles Sumner, em sua luta pelos direitos civis do negro, teve de eliminar de seu programa as escolas mistas não apenas porque muitos brancos se opunham a isso, mas também porque os próprios negros não pareciam desejá-las. Todos esses líderes podiam não estar procurando emprego naquela época; mas, como homens oficialmente livres que ainda eram escravos, não se sentiam confortáveis na presença de seus antigos senhores.

Esses homens temerosos eram muito parecidos com alguns negros que trabalhavam perto da casa deste autor, na Virgínia, para um fazendeiro do Norte que se mudara para esse estado depois da Guerra Civil. Na hora do café da manhã do primeiro dia de trabalho, ele os chamou para se sentarem à mesa com sua família. Esses homens que ainda eram escravos, contudo, na mesma hora perderam o apetite. Por fim, um deles chamou o patrão para um canto e colocou a coisa de outra forma. Ele disse:

"Chefe, o sinhô num tá costumado com as regra desse lugar. Num pudemo sentá à mesa cum pessoas branca. Custumamo cumê um bolo lá embaxo entre as alça do arado. Deixa a gente i pra lá."

O sistema, portanto, foi se estendendo de uma coisa para outra até que os negros hoje se vissem cercados pela linha da cor de quase todos os lados; e, limitados por si mesmos, não conseguem aprender pelo exemplo de outros com que podem entrar em contato. Nem mesmo no gueto eles se permitem elaborar e realizar um programa próprio. Essas instituições segregadas interferem no desenvolvimento da autoajuda entre os negros, pois estes muitas vezes não conseguem levantar fundos para estabelecer instituições que possam controlar, mas contribuem prontamente com grandes somas para instituições que segregam pessoas com sangue africano.

Com sua participação negada nas principais coisas da vida, o próprio negro "instruído" também se junta a pessoas de má formação para prejudicar seu povo por meio da exploração sistematizada. Percebendo que o caso do negro é irremediável, o negro "instruído" resolve tomar o caminho do lucro pessoal fazendo o que pode e usando o seu povo como um meio para atingir um fim. Ele ri na cara deles enquanto lhes toma o dinheiro, mas seu coração não mostra afeto por sua causa desprezada. Com uma renda um pouco maior que a deles, pode ganhar certo conforto no gueto, e esquece quem não tem como escapar.

Algumas dessas classes instruídas se juntam a corretores imobiliários sem princípios para manterem os negros fora das partes desejáveis da cidade e confiná-los a áreas sem saneamento. Essas pessoas ajudam o aproveitador a obter desses negros encurralados um aluguel maior do que o obtido de brancos pela mesma propriedade. Do mesmo modo, um sacerdote negro por vezes vai a uma comunidade em que as raças estão avançando amigavelmente juntas em suas igrejas e aluga um barracão ou uma velha loja vazia para abrir uma igreja separada para "o nosso povo", não com o objetivo de atender alguma necessidade prática, mas para explorar aqueles que nunca aprenderam a pensar. Homens profissionais também, seguindo esse caminho, impõem-se do mesmo modo sobre negros pobres e inocentes que não sabem quando estão sendo tratados de forma adequada ou não, mas deles é possível obter grandes honorários, já que nem sempre podem recorrer a outras pessoas pelo serviço.

Estabelecendo-se numa comunidade com escolas mistas, o negro instruído com frequência defende a separação para que sua filha possa garantir uma posição no sistema. O político negro está acostumado a encurralar o voto negro, abrindo um outro escritório no qual pode barganhar com os chefões do esquema em busca do melhor preço disponível. Quando subornado pela oferta de algum cargo, que não é muito elevado, esse funcionário não concursado aceita o emprego com a compreensão de que vai se separar dos outros por si mesmo como se fosse destrutivo para o restante da humanidade.

Na crise atual, porém, os negros "altamente instruídos" encontram muito pouco para explorar e, em sua condição desfavorável, não têm um plano para encontrar uma saída. Eles veem numerosos exemplos de negros perdendo seus empregos em estabelecimentos de brancos. Na verdade, isso acontece todos os dias. Zeladores que vinham fazendo um trabalho satisfatório são de repente avisados de que não são mais necessários. Em hotéis, garçons negros são informados de que seus lugares serão ocupados por trabalhadores brancos. Caminhoneiros negros recebem ordens de pedir demissão para darem lugar a homens carentes da

A DES-EDUCAÇÃO DO NEGRO

outra raça. Ouvimos tanto relatos assim que ficamos imaginando qual será o resultado disso.

Nesse reajuste, quando há menos oportunidades para os que não podem ou não têm a chance de ser operadores de máquinas, os negros serão naturalmente destituídos de suas funções por seus empregadores que pensam antes de tudo em sua própria raça. No estágio final da depressão, contudo, os negros não ficarão em condição muito melhor quando alguns dos brancos que agora os estão substituindo atingirem níveis mais elevados. Na ordem econômica de amanhã, haverá pouca utilidade para o faz-tudo ou o lavador de pratos. Um homem não vai precisar dessa ajuda pessoal se puder comprar uma máquina que o atenda com mais eficiência. Os serviçais negros, o agregado de parasitas que o negro "altamente instruído" tem explorado, não será mais necessário amanhã. Que será, então, de "nossos negros altamente instruídos" que não têm iniciativa?

Recorremos aos 10% mais talentosos em busca de uma solução, mas eles não têm nada a oferecer. Suas mentes nunca funcionaram nessa esfera da mais alta importância. Esse negro "instruído" não oferece nenhuma prova dessa visão. Ele deveria ver um novo quadro. Os negros enfrentam agora a alternativa de ascender na área de produção para fornecer sua proporção de industriais e comerciantes ou cair nos túmulos da pobreza. O negro precisa agora, quando o mundo passa por reajustes, fazer por si mesmo ou perecer. Se os brancos vão continuar por algum tempo a realizar tarefas enfadonhas com a exclusão dos negros, estes precisam encontrar uma saída. Nada revela isso de modo mais dramático do que quando se fica sabendo que mulheres brancas de Montgomery, no Alabama, estão indo para a porta dos fundos de casas de negros pedindo para lavar a roupa suja. Se os brancos chegaram a esse extremo e devem ser atendidos primeiro, o que sobra para os negros?

Neste momento, então, os negros devem começar a fazer exatamente aquela coisa que lhes ensinaram e eles não conseguem fazer. Ainda têm algum dinheiro e há necessidades a suprir. Devem começar imediatamente a juntar seus rendimentos e organizar indústrias para participarem do atendimento de demandas sociais e econômicas. Se os negros permanecerem eternamente afastados da área de produção e a atual discriminação continuar, não sobrará nada para eles fazerem.

Não há motivo para a falta de confiança em função do recente fracasso das empresas negras, embora os negros "altamente instruídos" afirmem o contrário. Essa falta de confiança é a causa do fracasso dessas empresas. Se os negros tivessem manifestado maior confiança nelas e as tivessem apoiado adequadamente, teriam sido fortes o bastante para passar pelo teste da crise. Os bancos de negros, em geral, fracassaram porque as pessoas, ao serem informadas de que seus próprios pioneiros no mundo dos negócios são incapazes de funcionar nessa área, sacaram seus depósitos. Uma pessoa não pode viver se você extrai o sangue de suas veias. O banco mais forte dos Estados Unidos só vai permanecer enquanto as pessoas tiverem confiança nele o suficiente para manter seus depósitos. Com efeito, a confiança das pessoas vale mais do que dinheiro.

A falta de confiança do negro em si mesmo e em suas possibilidades é o que o mantém por baixo. Sua des--educação tem sido um sucesso total a esse respeito. Mas não é necessário para o negro ter mais confiança em seus próprios trabalhadores do que em outros. Se o negro fosse tão justo com os seus quanto o é com outros, isso seria tudo que é necessário para lhe proporcionar um novo começo de vida e iniciar o caminho ascendente.

Aqui descobrimos que o negro não conseguiu se recuperar do hábito de escravo de censurar sua própria gente e venerar os outros como se fossem seres perfeitos. Não se fez nenhum progresso a esse respeito porque quanto mais

A DES-EDUCAÇÃO DO NEGRO   113

"educação" o negro recebe, mais pobre ele fica. Ele tem muito mais tempo para aprender a detratar e desprezar a si mesmo. Recorrendo para essa classe instruída em busca de uma solução para seus problemas, a raça não encontra nenhum remédio; e, pelo contrário, se vê cada vez mais distante das coisas a que tem aspirado. Esquecendo por um momento a sala de aula e confiando no despertar das massas mediante a educação de adultos, podemos fazer muito para proporcionar ao negro uma nova visão sobre o empreendimento econômico e a cooperação de grupo. O negro médio não foi des-educado o bastante para não ter mais esperança.

Nossa mente deve se tornar desenvolvida o suficiente para usar a segregação contra ela mesma, e assim concretizar a antiga porém moderna profecia: "A cólera do homem redundará em teu louvor". Se o negro do gueto deve ser eternamente alimentado pela mesma mão que o empurra para o gueto, nunca se tornará forte o bastante para sair desse lugar. Assim, a aceitação da liderança negra no gueto não deve se limitar a questões de religião, educação e ascensão social; deve lidar com as forças fundamentais da vida que tornam essas coisas possíveis. Entretanto, se for para a área negra continuar como um distrito sustentado totalmente a partir de fora, seus ineptos habitantes merecerão receber apenas o desprezo daqueles que podem por vezes vislumbrá-los em sua aflição.

Como afirmou Frederick Douglass em 1852, "é inútil falarmos que somos homens se não pudermos trabalhar como homens. Precisamos nos tornar valiosos para a sociedade em outros setores da indústria que não aqueles servis dos quais estamos sendo tão rapidamente excluídos. Devemos mostrar que podemos fazer tão bem quanto eles. Quando pudermos não apenas construir casas, mas morar nelas; quando pudermos não apenas fazer sapatos, mas usá-los; quando pudermos não apenas produzir, mas também consumir trigo, milho e centeio — então nos tornaremos valiosos para a sociedade".

"A sociedade", prosseguiu Douglass, "é um negócio desumano. Com ela os desamparados não podem esperar mais dignidade que os indigentes. O indivíduo deve submeter a sociedade a seu comando ou ela só irá honrá-lo como estrangeiro e peregrino."

A necessidade de serviço
em vez de liderança

Nessa situação desfavorável, o negro se encontra no final da terceira geração após a Emancipação. Vem sendo educado no sentido de que pessoas orientadas de determinada maneira são mais facilmente controláveis ou, como observou Ovid, "com o tempo o touro é trazido para carregar o jugo". Nessa condição, o negro continua como uma criança. É limitado à esfera das pequenas coisas e com elas se satisfaz. Sua ambição não vai além de entrar na competição com seus semelhantes por essas trivialidades. Ao mesmo tempo, aqueles que transmitiram aos negros esses falsos ideais estão ocupados nas altas esferas das quais os negros, por sua des-educação e orientação racial, têm sido excluídos.

Podemos citar exemplos desse fracasso do negro des--educado em ter grandes ideais. Este autor conhece inúmeros casos de advogados, médicos e negociantes negros que, enquanto frequentavam escolas dominicais, igrejas e lojas maçônicas locais, falhavam em coisas triviais como uma resolução ou a liderança de uma comissão, o que os amargurava a ponto de se tornarem inimigos para toda a vida e obstáculos ao progresso que impediam coisas como a organização ou a cooperação comunitária.

É comum ver um negro bem situado como sacerdote ou professor aspirando a uma nomeação política que pague temporariamente um pouco mais do que ele recebe e não ofereça nenhuma distinção exceto ser qualificado como ocupante de um cargo à Jim Crow reservado para algum negro que tenha servido aos propósitos dos chefes como cabo eleitoral numa campanha. Negros que abriram empresas promissoras por vezes as abandonam temporariamente pelo mesmo tipo de distinção rasa. Dessa maneira, eles ficam conhecidos por prejudicarem seus negócios ao desagradarem políticos ambiciosos que de outra forma lhes dariam patrocínio.

Negros com essa visão se desenvolvem naquela parte do país em que se pensa que as pessoas mais distintas da comunidade são as que detêm e exploram os cargos locais, ou as que são ainda mais reconhecidas com posições no nível estadual e nacional. Embora isso possa se aplicar no caso de seus opressores, as poucas posições ocupadas por negros se tornam dignas além de qualquer limite razoável. Esse é, contudo, um resultado natural, pois a "educação" do negro assim o exige. O ambicioso negro des-educado na luta por coisas insignificantes concedidas por outros evita qualquer conquista de seu povo em assuntos mais construtivos. Potencialmente as pessoas de cor são fortes, embora na realidade sejam fracas.

Esse muito barulho por nada torna impossível a cooperação, a coisa mais essencial no desenvolvimento de um povo. O ambicioso dessa categoria contribui mais para manter a raça num estado de turbulência e para impedi-la de realizar um esforço comunitário sério do que quaisquer outros elementos combinados. Um tem o emprego que o outro deseja, ou um é líder de um contingente bem-sucedido e o outro está lutando para suplantá-lo. Assim, tudo na comunidade deve ceder espaço a essa disputa pueril.

Numa cidade com alguns milhares de negros não há chance de se estabelecer uma cooperação comunitária por causa do antagonismo entre os pregadores metodista e batista das duas maiores igrejas. Um está determinado a conduzir a nomeação do corpo educacional e dos traba-

A DES-EDUCAÇÃO DO NEGRO

lhadores envolvidos com o bem-estar social; o outro está lutando persistentemente para desfazer qualquer coisa realizada pelo oponente. Um está no topo hoje e o outro, em ascendência amanhã. Vários esforços estão sendo realizados por lá tendo em vista a criação de empresas, mas nenhum obteve sucesso porque uma facção derruba o que a outra constrói.

Em outra cidade, essa segmentação se dá por linhas políticas. Os pastores estão lá, mas um advogado e um dentista envolvidos na política tiraram os clérigos do palco. O líder de um grupo é oposto de forma tão feroz ao outro que chega a aconselhar estranhos a não irem à casa do adversário. Apresentar uma proposta saudável para a comunidade por meio de um ou de outro líder significa promover uma guerra local em vez de um esforço para se trabalhar em parceria em favor do bem comum. Consequentemente, embora haja milhares de negros morando no mesmo bairro, eles não têm nenhuma empresa de valor. A luta egoísta pelo engrandecimento pessoal, que ainda não proporcionou a nenhuma das facções mais que uma nomeação para a força policial ou para o cargo de escriturário numa instituição municipal, impede, assim, o progresso social e econômico de milhares de pessoas honestas.

Em outro estado, a ambição do negro altamente instruído se restringe a ser diretor de uma escola secundária. A escola estadual negligenciada não se desenvolveu o suficiente para ser atraente. A área de conflito, então, está nas cidades. Numa delas, em que vários negros têm uma riqueza considerável que, reunida e usada de forma adequada, produziria resultados quase maravilhosos, a rixa mesquinha é mais desastrosa. Pouca atenção se dá à ascensão social e o esforço econômico é esmagado pela disputa entre facções. Antes de este autor ir a uma dessas cidades, um membro de uma das facções o estimulou a se tornar candidato ao cargo ocupado pelo diretor da escola de ensino médio. Poucos minutos depois, um outro se aproximou para aconselhá-lo sobre como "conseguir que ele saísse".

O elevado custo dessa infantilidade para a comunidade pode ser avaliado apenas ao se levar em consideração o fato de que essa luta é quase interminável. Se fosse uma questão que surgisse de vez em quando apenas para ser esquecida por quem depois dirige sua atenção para coisas mais importantes, não causaria muito mal; mas essa confusão continua há anos. Por vezes ela envolve uma comunidade por toda uma geração, prejudicando a vida inteira das pessoas.

A despeito das parcas recompensas, contudo, a ideia de liderança cresce na mente do negro. Ela sempre se desenvolve, portanto, entre pessoas oprimidas. O opressor deve ter alguma relação com o grupo desprezado e, em vez de estabelecer contato com indivíduos, ele se aproxima das massas por meio de seu porta-voz. O próprio termo conota uma condição de atraso. Em sua jornada ascendente, uma raça descarta seus líderes porque eles se originam de fora do grupo. Eles constituem uma carga que afunda o oprimido na lama das dificuldades e das atribulações.

A liderança é em geral imposta com o propósito de "dirigir o curso do povo ostracizado segundo linhas saudáveis". Isso foi realizado no tempo da escravidão ao restringir as reuniões de negros a determinados momentos e lugares e obrigá-los a se encontrar na presença de um número estipulado dos "homens mais sábios e discretos da comunidade". Esses supervisores da conduta dos negros evitariam que eles aprendessem a verdade que poderia torná-los "incontroláveis" ou lhes instigar a ambição de se tornarem livres.

Depois da libertação dos negros, o mesmo objetivo foi alcançado empregando-se um negro ou algum branco para espionar e expor, a portas fechadas, um plano para escravizar as mentes dos negros. Caso o emprego real de

A DES-EDUCAÇÃO DO NEGRO

um espião parecesse ousado demais, a pessoa a ser usada como tal instrumento assumia algum tipo de empresa que os opressores da raça calorosamente apoiariam para lhe proporcionar a desejada influência na comunidade. Esse "escroque racial" podia ser um político, um sacerdote, um professor, um diretor de um centro comunitário ou um chefe de uma "agência de promoção social". Desde que fizesse certas coisas e expressasse a opinião popular sobre determinados assuntos não lhe faltava nada, e aqueles que o seguiam encontravam um caminho mais bem recompensado com o passar dos anos. Assim, sua liderança era reconhecida e a desgraça absoluta dos negros na comunidade era assegurada.

Esse tipo de liderança continuou também até os dias de hoje e vai de mal a pior. O próprio serviço prestado por esse puxa-saco racial o enrijece a ponto de ele perder sua alma. Ele se torna igual a qualquer tarefa que o opressor possa impor sobre ele e, ao mesmo tempo, se torna ardiloso o bastante para defender sua causa de maneira convincente diante de uma multidão desatenta. O certo é sacrificado porque tudo que é certo não é conveniente; e o que é conveniente logo se torna desnecessário.

Recentemente um cidadão, percebendo como tínhamos sido traídos dessa forma, sugeriu que se convocasse um encontro nacional a fim de formular um programa de desenvolvimento da raça de dentro sob "uma nova liderança". Esse movimento pode ser feito para significar alguma coisa e depois se degenerar numa assembleia de agressão e de injúria, seguida do esforço habitual do considerando-portanto-que-isso-seja-resolvido, que nunca significou nada para o despertar e o desenvolvimento de um povo oprimido.

Os negros, contudo, não vão avançar muito se continuarem a gastar sua energia atacando aqueles que o desorientam e exploram. Os exploradores da raça não têm tanta culpa quanto a própria raça. Se os negros continuarem permitindo que os manipulem dessa maneira, sempre encontrarão alguém disponível para se impor sobre eles. Essa é uma questão que depende amplamente dos próprios negros. A raça só vai se livrar dos exploradores quando decidir fazê-lo. Ninguém mais pode realizar essa tarefa por ela. Precisa planejar e fazer por si mesma.

Conferindo o que fazem, os negros muitas vezes se descobrem dando dinheiro e apoio moral a várias pessoas e instituições que influenciam o percurso da raça de maneira errada. Não é frequente que se questionem se esse tipo de apoio dado vai redundar, a longo prazo, no benefício das pessoas com quem eles se identificam. Não procuram saber se esse tipo de assistência promove um alívio temporário mas acaba resultando numa perda irreparável. Assim, muitos negros frequentemente se prejudicam quando na verdade acreditam estar fazendo o bem. Com seus professores atuais, não podem aprender facilmente a fazer nada melhor, pois o treinamento que recebemos não abre os nossos olhos o bastante para que possamos enxergar muito além de nós.

Se o negro pudesse deixar de lado a ideia de liderança e em vez disso estimulasse um número maior de membros da raça a assumir tarefas definidas e dedicar seu tempo e sua energia a fazer essas coisas com eficiência, a raça poderia conseguir alguma coisa. Ela precisa de trabalhadores, não de líderes. Esses trabalhadores vão resolver os problemas a respeito dos quais os líderes discutem e conseguem dinheiro para continuar discutindo. Assim, quando você ouve um homem falando, sempre se pergunte o que ele está fazendo ou fez pela humanidade. Oratória e resoluções não adiantam muito. Se adiantassem, a raça negra estaria num paraíso terrestre. É bom repetir aqui aquele ditado de que os velhos falam do que fizeram, os jovens, do que estão fazendo, e os tolos, do que esperam fazer. A raça negra tem uma parte grande na última categoria mencionada.

Se por fim conseguirmos sucesso em traduzir a ideia de liderança na de serviço, logo poderemos achar possível fazer o negro ascender a um nível mais elevado. Sob a liderança chegamos ao gueto; com o serviço dentro da comunidade podemos encontrar um caminho para sair dele. Sob a liderança fomos limitados ao que outros nos oferecem; com o serviço podemos desenvolver um programa à luz de nossas próprias condições. Sob a liderança nos tornamos contaminados pela pobreza; com o serviço podemos ensinar as massas a ganharem a vida de forma honesta. Sob a liderança nos fizeram desprezar nossas próprias possibilidades e nos tornarmos parasitas; com o serviço podemos provar nossa eficiência na tarefa do autodesenvolvimento e dar nossa contribuição à cultura moderna.

Mercenários no lugar de servidores públicos

Se os negros altamente instruídos não aprenderam melhor as lições simples da vida, não se pode esperar que as classes trabalhadoras se comportem de maneira diferente. Na maior parte dos casos, os empregadores de negros em trabalhos comuns, nos quais a maioria deles está agora envolvida, afirmam que não há esperança de avanço para negros em seus empregos porque eles não vão trabalhar sob a liderança de alguém de sua própria cor. Em outras palavras, o negro comum ainda não se desenvolveu a ponto de se dispor a aceitar ordens de alguém de sua própria raça.

Embora seja verdade que esse tipo de resposta seja dado com frequência apenas como desculpa para não colocar negros em posições de responsabilidade, quando isso pode ser feito sem nenhum problema, a investigação feita entre os próprios negros revela numerosos fatos que provam que há mais verdade do que falsidade nessa afirmação. Centenas de empregados de sangue africano dizem francamente que não vão trabalhar sob as ordens de um negro. Temem que o outro possa prosperar mais do que eles e obter o reconhecimento correspondente.

Alguns desses exemplos são interessantes. O chefe de um departamento do governo onde mulheres negras são empregadas para realizar tarefas não qualificadas relata que colocou à frente dessas trabalhadoras uma mulher de cor inteligente que parecia ter todas as qualificações necessárias que ele havia encontrado em mulheres que ocupavam esse cargo. As chefiadas por ela, contudo, recusavam-se a obedecer a instruções, deixaram o lugar um caos e logo destruíram o moral de todo o grupo. Assim que ele colocou no cargo uma mulher branca, porém, foi restabelecida a ordem no local e tudo caminhou tranquilamente.

Outro empregador que dirigia uma empresa atacadista colocou um chefe negro a cargo de outros de sua raça para constituir um importante departamento de sua firma. Os negros que ali trabalhavam, que antes recebiam ordens de um chefe branco sem questioná-las, logo começaram a tomar liberdades com o negro promovido e a ignorar suas ordens. O empregador, que sabia que o chefe negro era bem qualificado e estava pessoalmente interessado nele, em vez de fazer o que alguns tinham feito nessas circunstâncias, demitiu os que se recusavam a cooperar e preencheu as vagas com outros, até conseguir formar uma força de trabalho eficiente. Poucos empregadores, contudo, têm essa paciência e manifestam esse interesse no avanço do negro. Em geral, apenas dispensam o chefe negro com a desculpa de que um negro não aceita ordens de outro.

Essa recusa dos negros de aceitarem ordens de outros negros se deve amplamente ao fato de que os senhores de escravos ensinavam seus cativos que eles eram tão bons quanto ou melhores que quaisquer outros, e assim não deveriam se submeter a qualquer membro de sua raça. Se fosse para serem subordinados a alguém, que fossem ao homem branco, de cultura e posição social superiores. Isso mantém a raça inteira num nível inferior, restrita à atmosfera de trivialidades que não preocupa seus traidores. Assim, as melhores coisas da vida, que só podem ser conseguidas por uma liderança sensata, não podem ser obtidas por eles.

Os fortes sempre usaram isso como forma de lidar com as chamadas raças mais fracas do mundo. Os caucasianos jogam uma raça contra a outra de modo que elas nunca juntem forças e assim retirem dos chamados superiores o controle sobre elas, o que poderiam fazer com facilidade caso se organizassem. Assim, um homem branco podia controlar uma fazenda onde houvesse trinta ou quarenta escravos porque os negros eram des-educados de forma a mantê-los divididos em facções distintas. Em pequenas rixas, seu poder iria se perder no processo de atrito. Hoje encontramos a mesma coisa na África, onde esse objetivo é alcançado quando um grupo é jogado contra outro; e funcionou da mesma forma na Índia até há pouco tempo, quando essa estratégia começou a desmoronar sob a liderança habilidosa de Mahatma Gandhi.

Os negros dos Estados Unidos seguiram, de maneira servil mas por vezes lamentável, a liderança de homens selecionados para eles pelos traidores da raça. Os inimigos da raça, por exemplo, vão encontrar um negro disposto a fazer certas coisas que desejam que sejam realizadas e vão lhe financiar e proporcionar divulgação suficiente para apresentá-lo ao mundo, pois os poucos favores que ele pode distribuir entre seus seguidores como resultado de sua influência e sua posição econômica vão trazer o número adequado de negros para o distrito que ele deseja.

Porém, os negros às vezes escolhem seus próprios líderes, mas muitas dessas vezes, infelizmente, do tipo errado. Os negros não seguem pessoas com programas construtivos de modo voluntário. Quase todo tipo de apelo empolgante ou assunto trivial que lhes seja apresentado pode ganhar sua atenção imediata e, pelo menos temporariamente, um apoio substancial. Quando a bolha estoura, é claro, esses mesmos seguidores começam a condenar a liderança negra e a chamar esses falsos representantes da raça de malandros e velhacos. Contudo, tendo em vista que não conseguiram exercer sua capacidade de previsão, os que foram enganados não podem ser tão culpados quanto aqueles que apoiaram amplamente esses impostores. Mas a falha não é inerente ao negro, e sim ao que lhe foi ensinado.

O ponto de vista dos negros, portanto, deve ser transformado antes que eles possam elaborar um programa que os tire do deserto. Por exemplo, não se pode esperar nada de bom de uma de nossas professoras que disse que teve de desistir de sua aula na escola dominical para aceitar um trabalho extra como garçonete no mesmo horário, porque tinha comprado um casaco de 2400 dólares e seu marido comprou um carro caro. Uma professora como essa não tem uma mensagem para transmitir a uma criança negra. Seu exemplo tenderia a puxar os jovens para baixo, e a própria ideia de ter uma pessoa assim na sala de aula é muito deprimente.

Devemos ficar igualmente desestimulados quando vemos um pastor chegando a sua igreja num domingo dirigindo um Cadillac. Ele não chega para alimentar espiritualmente a congregação. Chega para pedir dinheiro. O apelo que ele faz é em geral emocional. Enquanto as pessoas se sentirem felizes, o caro automóvel estará garantido, e as longas férias em que será usado serão financiadas com facilidade. Assim o incauto é levado de volta à escravidão.

Quando você vê um médico chegando para um atendimento em um Pierce Arrow, não pode achar que chegou para tratar a doença de um paciente. Ele foi tratá-lo por um dólar. Médicos assim, em geral, dominam, com o passar dos anos, cada vez menos a medicina, embora possam ganhar muito dinheiro aprendendo a psicologia humana e usando-a para o ganho pessoal. Com sanguessugas desse tipo enriquecendo à custa de pessoas empobrecidas, sem lhes dar nada em troca, não pode haver esperança de avanço.

Nenhum povo pode progredir quando a maioria dos que deveriam ter mais discernimento escolheu voltar para trás,

A DES-EDUCAÇÃO DO NEGRO   127

mas é exatamente isso que nossos falsos líderes fazem. Sem ter aprendido sobre a história e os antecedentes da raça, imaginam que não haja esperança para as massas e então resolvem que o melhor a fazer é explorar esse povo ao máximo e usar seus ganhos de forma egoísta. Tais pessoas não têm visão e, portanto, perecem nas próprias mãos.

Contudo, é uma injustiça com o negro des-educá-lo e prepará-lo para ser corrupto da infância até a velhice e depois culpá-lo por cometer os erros provocados por essa orientação. "Pessoas que foram restringidas e desestimuladas são naturalmente condescendentes com os níveis mais baixos de delinquência. Quando a educação foi totalmente negligenciada ou administrada de forma inapropriada, vemos as piores emoções dominarem com um ímpeto incontrolável e incessante. O senso comum se degenera em esperteza, a raiva se torna perversidade, a moderação, que é considerada mais isolada, chega muito tarde e a maioria das repreensões razoáveis é apresentada em vão."

Filósofos admitem há muito tempo, no entanto, que todo homem tem duas educações: "A que lhe é dada e a que ele dá a si mesmo. Das duas, a segunda é, de longe, a mais desejável. Com efeito, tudo que é mais valioso no homem deve ser desenvolvido e conquistado por si mesmo. É isso que constitui nosso verdadeiro e melhor sustento. O que somos ensinados por outros dificilmente alimenta a mente como o que ensinamos a nós mesmos".

Esse mesmo princípio eterno se aplica a uma raça forçada a viver separada das outras como um grupo apartado e distinto. Visto que a educação do negro veio de fora, podemos ver claramente que ele recebeu apenas uma parte do desenvolvimento que deveria ter tido ou foi desenvolvido negativamente. O negro carece de poder mental, que não se pode esperar de cérebros mal alimentados.

Consequentemente, isso levanta uma questão grave. As pessoas de fora, que dirigem a raça à distância, vão tomar esse estado de coisas como evidência de que o negro não está preparado para a liderança. O que deveriam dizer é que não prepararam o negro para assumir a responsabilidade pelo seu próprio avanço. Em vez disso, porém, apresentam o resultado de sua própria falha como um argumento para impor à raça negra a orientação de gente de fora.

Quanto a se um homem branco deve ou não ser um líder dos negros, isso deve ser descartado como uma questão simplória. O que a cor tem a ver com isso? Esse trabalhador pode ser branco, pardo, amarelo ou vermelho, desde que se dedique de corpo e alma às pessoas a quem deve servir. Acontece, porém, que a maioria dos homens brancos que agora controlam instituições negras não é desse tipo requerido. Quase todos aqueles com os quais tenho conversado e me comunicado acreditam em atribuir algum tipo de deficiência aos negros. Alguns se opõem à liberdade do casamento inter-racial como se fosse um substituto do concubinato, zombam da ideia de autodeterminação dos negros, aprovam a segregação e justificam a exploração econômica da raça. Ora, se são essas pessoas que vão elevar os negros, até que ponto esperam erguê-los e o que os negros serão quando chegarem lá?

Com essa mesma ideia em mente, um diretor branco de empregados negros disse recentemente a este autor:

"Percebo que não exerço uma função útil como presidente de uma instituição negra. Não aprovo as aspirações deles a muitas coisas. Não posso aceitar os alunos em minha casa como o faria com alunos brancos porque isso poderia levar a um romance inter-racial. O casamento, na melhor das hipóteses, é um problema tão difícil que eu não gostaria de ver um de meus filhos cometendo um erro na vida ao se casar com uma pessoa negra."

"Em outras palavras", ele prosseguiu, "vivemos em dois mundos diferentes. Quando estou com eles não posso fazer parte deles. Como, então, posso ajudá-los nessas circunstâncias?"

Conheço outro educador branco à frente de uma instituição negra que não se dirige a uma jovem de cor como senhorita e evita usar um título quando conversa com mulheres da raça, a quem se dirige como se fossem suas parentes. Uma delas foi bastante direta ao responder quando ele a tratou como sua tia:

"Oh, fico tão feliz por finalmente encontrar um dos meus parentes perdidos. Minha mãe me disse muitas vezes que eu tinha alguns familiares distintos, e só de pensar que você é meu sobrinho me faz feliz."

Outro sanguessuga desse tipo, que dirige uma faculdade negra, nunca usa chapéu no campus. Sua explicação confidencial é que talvez precisasse tirá-lo quando passasse por uma mulher negra. Evidentemente, isso nunca iria acontecer. A "supremacia branca" seria perdida na escola negra.

Percebemos cada vez mais que educação não é apenas transmitir informações que se espera que produzam certos resultados, vemos com muita clareza a incoerência da posição de pessoas brancas como executivas de instituições negras. Esses desajustados pertencem ao mesmo grupo que produz a segregação do negro, e eles vão para essas instituições principalmente para ganhar a vida. Não dão nenhuma contribuição particular ao desenvolvimento da educação, pois não são eruditos o bastante para influenciar a teoria educacional; e têm tão pouca solidariedade pelo negro que não podem dar nenhuma contribuição à prática educativa. Esses "estrangeiros" não estão levando para essas instituições somas tão grandes de dinheiro que os próprios negros não possam obter, pois as que agora têm negros como diretores estão recebendo mais subsídios do que as administradas por brancos.

Nossos supostos pensadores, contudo, raramente percebem os inevitáveis resultados dessa política equivocada. Não muito tempo atrás, quando este autor escreveu o livro didático intitulado *Negro Makers of History* [Negros que fizeram história], foi duramente criticado por um negro para quem o livro devia ter como ilustração a imagem do homem branco que criou uma faculdade negra. Este autor teve de explicar que o livro pretendia oferecer um relato do que o negro tinha feito, não do que fora feito para ele.

A referida escola, além disso, não era uma escola negra em nenhum sentido. Tinha pouquíssimos professores negros e só um curador da raça. A política da escola era determinada totalmente por outros sem dar crédito ao negro por ter uma concepção da educação. Em outras palavras, era apenas uma escola que negros tinham permissão de frequentar. Se pegassem aqui e ali alguma coisa que os ajudasse, muito bem; senão, que Deus os ajude!

Não há problema uma faculdade negra ter um homem branco como diretor ou um homem vermelho à frente de uma instituição para amarelos se, em cada um desses casos, o encarregado tenha tirado seus documentos de naturalização e se identificado como membro do grupo a que está tentando servir. Parece que os educadores brancos de hoje não têm a disposição de fazer isso e por esse motivo jamais poderão contribuir para o verdadeiro desenvolvimento do negro a partir de dentro. Você não pode servir pessoas lhes dando ordens do que fazer. O verdadeiro servidor das pessoas deve viver entre elas, pensar com elas, sentir e morrer por elas.

Da mesma forma, o funcionário branco de instituições negras não pode ter sucesso sem manifestar alguma fé nas pessoas que quer apoiar. Seus esforços não podem ser apenas uma tentativa de estimulá-las a imitar coisas de uma esfera externa. Deve estudar sobre a sua comunidade o bastante para descobrir o que tem uma tendência de estar na direção correta para estimular essas forças e assim ajudar a comunidade a fazer bem o que tem capacidade e ao mesmo tempo interesse em fazer. Se essas pessoas têm ideias trazidas por "estrangeiros" e milagrosamente precisam transformá-las em alguma outra coisa antes que algo possa ser feito delas, essa tarefa será tão infrutífera quanto a maioria da chamada educação e elevação dos negros nos Estados Unidos.

O negro, apesar de seu confinamento no gueto, tem algumas oportunidades de desenvolver suas capacidades especiais se estas forem estudadas e compreendidas de maneira adequada. O verdadeiro servidor do povo, então, dará mais atenção aos que devem ser servidos do que ao uso que alguém queira fazer deles. Estará mais preocupado com o que pode fazer para aumentar a tranquilidade, o conforto e a felicidade do negro do que com a forma como o negro pode ser usado para contribuir para a tranquilidade, o conforto e a felicidade de outros.

O servidor do povo, diferentemente do líder, não está acima das pessoas montado num cavalo e tentando levá-las para algum ponto para o qual ele gostaria de ir para seu benefício próprio. O servidor do povo está lá embaixo, vivendo como essas pessoas vivem, fazendo o que elas fazem e desfrutando do que elas desfrutam. Pode ser que ele seja um boîte mais bem informado do que outros membros do grupo; pode ser que tenha tido alguma experiência que eles não tiveram, mas apesar dessa vantagem deve ter mais humildade do que aqueles a quem ele serve, pois nos disseram que "aquele que é o maior entre vós seja aquele que vos serve".

Entender o negro

"Não oferecemos aqui nenhum curso sobre a história do negro, literatura negra ou relações raciais", disse recentemente um professor de uma faculdade negra. "Estudamos o negro junto com outros povos."

"Excelente ideia", replicou o entrevistador. "Ninguém deveria esperar que você faça mais do que isso, mas o que você faz quando o negro não é mencionado em seus livros didáticos, exceto para ser condenado? Será que você, um professor de uma escola para negros, também condena a raça da mesma forma que os autores de seus livros didáticos de história e literatura?"

"Não", disse ele. "Nós introduzimos o negro aqui e ali."

"Com que frequência ocorre esse 'aqui e ali'?"

"Bem, você sabe", disse ele. "Os negros não fizeram muita coisa. E o que realizaram pode ser rapidamente descrito ao se referir às realizações de um pequeno número de homens e mulheres."

Depois ele disse:

"Por que você enfatiza o estudo especial do negro? Por que é necessário dar à raça um tratamento especial na imprensa, na tribuna ou na sala de aula? Essa ideia de projetar o negro para o primeiro plano faz muito mal à raça por vocalizar continuamente suas dores e seus problemas, e assim aliena o público que deseja dar atenção a outras coisas."

É verdade que muitos negros não desejam ouvir nada sobre sua raça, e poucos brancos de hoje em dia vão querer ver uma história de infortúnio. Para a maioria deles, as questões de raça foram resolvidas. O negro foi destinado às tarefas mais degradantes, como a esfera em que as massas devem labutar para ganhar a vida; e do ponto de vista social e político, a raça é em geral proscrita. Visto que os traidores da raça já "resolveram" a questão dessa maneira, é natural que se oponham a qualquer esforço para mudar essa condição.

Muitos profissionais negros que ganham a vida tratando dos assuntos desses trabalhadores e funcionários em seu estado de subdesenvolvimento mental e muitos professores que, de forma conservadora, estão ensinando seus filhos a manterem o *status quo ante bellum* também se opõem a qualquer movimento que possa perturbar esse arranjo. Se estão sendo pagos por seus esforços, por que deveriam tentar produzir inovações? Os deuses assim o decretaram. Seres humanos não podem mudá-lo. Por que ser um tolo?

Um negro com capacidade mental suficiente para elaborar um programa próprio é indesejável, e os sistemas educacionais deste país em geral se recusam a colaborar com esses negros na promoção de sua causa. O programa para elevar o negro neste país deve ser entregue a uma força executiva como ordens emanadas do trono, e ela deve realizá-lo sem questionamento ou sair de cena e deixar o processo ir em frente. Embora todos os dias o negro esteja sendo empurrado cada vez mais pela segregação para um mundo peculiarmente próprio, seu estado incomum de perplexidade recebe pouca ou nenhuma atenção, e ele não é considerado capaz de pensar por si mesmo.

A principal dificuldade na educação do negro é que ela é amplamente uma imitação que resulta na escravização de sua mente. Alguém de fora da raça quis realizar com os negros algum experimento que interessava a ele e a seus colaboradores; e os negros, como objeto da caridade, os receberam com cordialidade e fizeram o que pediam. Com efeito, a ideia central na educação do negro é fazer o que lhe ordenam. Todo negro que aprendeu a fazer isso está bem preparado para funcionar na ordem social americana como outros desejam. Examinando os cursos oferecidos pelas escolas públicas, pouco se encontra para mostrar que o negro figura nesses currículos. Em matérias suplementares, um grande feito de algum negro é por vezes mencionado, porém com mais frequência a raça só é citada para ser ridicularizada. Com exceção de alguns lugares, como Atlantic City, Atlanta, Tulsa, St. Louis, Birmingham, Knoxville e os Estados da Luisiana e da Carolina do Norte, nenhum esforço é feito para estudar o negro nas escolas públicas como se faz com os romanos, os teutônicos ou os mongóis. Muitos negros des-educados afirmam eles mesmos que o estudo do negro por crianças iria colocar diante delas o problema racial prematuramente e, portanto, faz-se necessário que o estudo da raça seja adiado até elas alcançarem um nível avançado na faculdade ou na universidade. Esses professores equivocados ignoram o fato de que a questão da raça é apresentada todos os dias para crianças negras e brancas em seus lares, nas ruas, na imprensa e nas tribunas. Como pode, então, a escola ignorar o dever de ensinar a verdade enquanto essas outras agências destacam falsidades?

A experiência dos professores de escolas mostra que as atitudes raciais dos jovens não mudam facilmente depois que eles chegam à adolescência. Embora alunos desses estágios avançados sejam apresentados à falácia da superioridade racial e à estupidez das distinções sociais, eles continuam, não obstante, a fazer o ilógico ao enxergar esses grupos desprezados como menos valorosos do que eles mesmos e insistem em tratá-los de maneira correspondente. Professores dos ensinos fundamental e médio que dão atenção a esse problema inter-racial foram bem-sucedidos em suavizar e alterar a atitude de crianças cuja capacidade de avaliação não foi tão tristemente deformada pela atitude geral das comunidades em que foram criadas.

Ao abordarem esses problemas dessa maneira para se contraporem à educação unilateral da juventude, as pessoas pensantes deste país não desejam perturbar os currículos das escolas ou impor o negro como tal à discussão pública; mas, se é para elevar o negro, ele deve ser educado no sentido de se desenvolver a partir daquilo que ele é, e o público deve ser esclarecido para pensar no negro como uma pessoa. Além disso, ninguém pode ser plenamente educado até que aprenda tanto sobre o negro quanto o que sabe sobre outras pessoas.

Ao se examinar os recentes catálogos das principais faculdades negras, descobre-se que elas invariavelmente dão cursos sobre Europa antiga, medieval e moderna, mas não sobre África antiga, medieval e moderna. Porém a África, segundo descobertas recentes, contribuiu tanto para o progresso da humanidade quanto a Europa, e as antigas civilizações mediterrâneas foram sem dúvida influenciadas por ela.

As faculdades negras oferecem cursos que tratam dos colonos europeus antes de sua vinda para os Estados Unidos, seu assentamento nessas costas e seu desenvolvimento aqui até a independência. Por que não são igualmente generosas com os negros, apresentando sua condição na África antes da escravização, seu primeiro transplante para o Caribe, a latinização de certos negros em comparação com o desenvolvimento de outros sob a influência teutônica e o esforço da raça para alcançar a autoexpressão?

Um exame adicional desses currículos mostra, também, que invariavelmente essas faculdades negras oferecem cursos de filosofia grega e de pensamento europeu moderno, mas não dirigem sua atenção à filosofia africana. Os negros da África têm e sempre tiveram suas próprias ideias sobre a natureza do Universo, do tempo e do

A DES-EDUCAÇÃO DO NEGRO

espaço, sobre aparência e realidade, liberdade e necessidade. O esforço do negro para interpretar as relações do homem com o universo mostra tanta inteligência quanto aquela que encontramos na filosofia dos gregos. Houve muitos africanos que eram tão sábios quanto Sócrates.

Mais uma vez, observam-se em alguns desses catálogos muitos cursos de arte, mas nenhum curso especificamente definido como sendo de arte negra ou africana, que influenciou anteriormente a dos gregos. Pensadores agora dizem que a antiga cultura mediterrânea era principalmente africana. A maioria dessas faculdades não dá uma atenção especial à música negra, através da qual o negro dá sua contribuição excepcional aos Estados Unidos. Essa atitude insensata é a de que, se os brancos não têm essas coisas nas escolas deles, os negros não devem ter nas suas também. Os católicos e os judeus, portanto, estão errados ao estabelecer escolas especiais para ensinar os princípios de suas religiões, e os alemães que vivem nos Estados Unidos são imprudentes quando fazem seus filhos estudarem sua língua-mãe.

Assim é a educação dos negros. Eles estudaram fatos da história, mas nunca aprenderam a pensar. Sua concepção é a de que você vai à escola para descobrir o que outros povos fizeram, e então tenta imitá-los na vida. O que eles fizeram pode ser feito por outros, afirmam eles — e estão certos. Estão errados, porém, quando não conseguem perceber que talvez não precisemos fazer o que outros fizeram. Se for para fazer a mesma coisa de maneira idêntica de geração em geração, não vamos obter nenhum progresso. Se for para reproduzir de século em século os mesmos feitos, o mundo vai se cansar dessa performance monótona.

Particularmente a esse respeito, a "educação do negro" é um fracasso, e um desastre, porque em sua condição atual a raça tem uma necessidade especial de visão e de invenção para dar algo novo à humanidade. O mundo não deseja nem jamais terá os heróis e as heroínas do passado. O que esse período precisa é de uma juventude esclarecida para não assumir as tarefas como suas, mas absorver o espírito desses grandes homens e responder ao atual apelo do dever com a mesma nobreza de alma.

Não apenas as necessidades das gerações variam, mas os próprios indivíduos não são réplicas um do outro; e, sendo diferentes a esse respeito, sua única esperança de funcionar com eficiência na sociedade é conhecer a si mesmos e a geração a que vão servir. O principal valor de estudar os registros de outros é conhecer melhor a si mesmo e suas possibilidades de viver e realizar nos tempos atuais. Enquanto os negros continuarem se limitando a fazer o que era necessário cem ou mil anos atrás, com certeza devem esperar que sejam excluídos do esquema das coisas como elas dizem respeito aos homens de hoje.

Assim, o campo mais convidativo para a descoberta e a invenção é o próprio negro, mas ele não percebe isso. Frederika Bremer, ao refletir sobre a sua visita aos Estados Unidos por volta de 1850, deu a esse país uma nova compreensão ao dizer aos americanos: "O romance de sua história é o destino do negro". Nessa concepção se encontram possibilidades incomuns para o historiador, o economista, o artista e o filósofo. Por que o escritor negro precisa procurar um tema externo quando tem em sua terra o maior de todos?

A escravidão do negro trazido da África como cativo é um dos maiores dramas da história, e o escritor que apenas vê nesse suplício algo a ser aprovado ou condenado não entendeu a evolução da raça humana. Os negros que agora estudam arte dramática vão a nossas escolas para reproduzir Shakespeare, mas membros da raça mentalmente desenvolvidos enxergariam as possibilidades de um drama mais amplo na tragédia do homem de cor. Negros que estão se formando em conservatórios de música desprezam nossas canções folclóricas. Por algum motivo essas pessoas desorientadas pensam que podem melhorar a produção de dramas estrangeiros ou tornar a música de outros povos melhor do que estes podem fazê-lo.

O conhecimento da verdadeira história levaria a pensar que a escravidão foi um dos acontecimentos significativos que, embora nocivos em si mesmos, podem resultar algumas vezes em vantagem para o oprimido, e não para o opressor. Alguém disse que a música da Polônia foi inspirada em incidentes de uma luta contra os déspotas que invadiram e repartiram sua terra derrotada. Os gregos nunca tiveram uma arte até o país ser dominado por orientais hostis. Alguém então começou a imortalizar em canções os filhos que saíram para lutar por sua terra natal. Outro esculpiu em mármore o pensamento evocado pela juventude grega que bloqueou a passagem da montanha com seus corpos ou que enfrentou os dardos de peito aberto para libertar seu país. A essas coisas damos o nome de arte.

Em nosso próprio país, os outros elementos da população, seguros em sua posição, nunca enfrentaram uma crise desse tipo; e os europeus, em cujo padrão a vida americana é moldada, não tiveram recentemente essa experiência. Os brancos americanos, então, não produziram nenhum tipo de arte, e a da Europa chegou ao ponto da estagnação. Dessa forma, os negros que imitam os brancos estão envolvidos numa ação altamente improdutiva. Por que não interpretar a si mesmos novamente para o mundo?

Se tivéssemos alguns pensadores, poderíamos esperar realizações amanhã. Algum negro com um discernimento incomum escreveria um épico sobre escravidão e liberdade que teria lugar junto aos de Homero e de Virgílio. Algum negro com consciência estética elaboraria, a partir de fragmentos recolhidos da música negra, uma grande ópera que levaria a humanidade ao arrependimento. Algum negro com compreensão filosófica encontraria um consolo para o mundo moderno na alma do negro, e então os homens seriam homens por serem homens.

O negro com suas aflições atuais, contudo, não enxerga as possibilidades até que seja tarde demais. Ele faz muita "retrospecção" e, por isso, perde terreno nas batalhas da vida fortemente disputadas. O negro em geral espera que uma coisa aconteça antes de tentar evitá-la. É muito parecido com um homem que este autor uma vez viu ser nocauteado numa luta física. Em vez de se esquivar do golpe quando este estava sendo aplicado, ele se erguia de sua prostração, esquivando-se dele.

Por exemplo, este autor tinha acabado de receber uma carta de uma senhora de Pittsburgh que se queixava de que o bibliotecário de uma de suas escolas insistia em ler para as crianças "muitos livros que continham palavras como 'nigger', 'blackie', 'Little Black Sambo' etc.". Essa senhora, portanto, gostaria de colocar naquela biblioteca alguns livros de autores negros. Esse é um esforço louvável, mas chega um pouco tarde; esperamos que não tarde demais.

Por séculos essa literatura tem circulado entre as crianças do mundo moderno; e, desse modo, elas passam a encarar o negro como inferior. Agora que nossos negros igualmente des-educados começam a perceber como foram enganados, estão acordando para abordar eles próprios uma obra que há muito tempo tem sido desconsiderada. Deviam ter pensado sobre isso várias gerações atrás, pois hoje têm diante de si uma tarefa enorme para corrigir esse erro e se contrapor aos resultados dessa parcialidade em nossa literatura.

Também acabou de chegar de um amigo das humanidades de Edimburgo, na Escócia, um relato terrível sobre o alastramento do preconceito racial naquelas regiões. Marinheiros que frequentaram o reduto de preconceito racial na África do Sul recentemente se encarregaram de impedir que homens negros confraternizassem com mulheres brancas num baile; e certos professores da Universidade de Edimburgo, com essa mesma atitude, a demonstram em suas aulas; esse amigo nos implora que lhes enviemos livros informativos a respeito do negro. Estamos fazendo isso.

Aqui, porém, uma vez mais o esforço de corrigir o erro e popularizar a verdade chega muito tarde. Desde a libertação, o negro avança sozinho sorrindo, gritando e "dando cambalhotas" enquanto o homem branco se dedica à tarefa de definir a condição do negro e de forçá-lo a aceitá-la como estabelecida para sempre. Enquanto o negro esteve inativo, a propaganda avançou muito além da história. Infelizmente, os "acadêmicos" negros também ajudaram na produção de uma literatura que sustenta essa visão.

O novo programa

Assim, parece apenas uma proposta razoável que, se sob o atual sistema que produziu nossa liderança em religião, política e negócios nós recuamos para a servidão ou no mínimo fomos impedidos de avançar para a verdadeira liberdade, é hora de desenvolver outro tipo de liderança com um sistema educacional diferente. Em primeiro lugar, devemos ter em mente que o negro nunca foi educado. Eles apenas vêm sendo informados sobre outras coisas que não têm permissão de fazer. Os negros estão sendo empurrados para fora das escolas regulares pela porta de trás rumo à obscuridade do quintal dos fundos, e são orientados a imitar outros que eles só veem de longe, ou então recebem a permissão, em alguns lugares, de ir para escolas públicas a fim de ver como outros se educam. O programa para a elevação do negro neste país deve se basear no estudo científico do negro a partir de dentro para desenvolver nele o poder de fazer para si mesmo o que seus opressores nunca farão para que sejam elevados ao nível dos outros.

Sem uma verdadeira educação, temos pouquíssimas pessoas preparadas para ajudar os negros os quais elas se propõem a liderar. Essas pessoas não são todas homens e mulheres desonestos. Muitas são sinceras e acreditam que estão fazendo muito bem à raça ao mantê-la no atraso. É preciso despertá-las e mostrar-lhes o erro de suas ações.

Temos muito poucos professores porque a maioria daqueles com que nos preocupamos não sabe nada sobre as crianças a quem devem ensinar ou sobre seus pais, que influenciam os alunos mais que os próprios professores. Um garoto que vai para a escola sem saber a lição deveria ser estudado em vez de punido. O menino que vai bem no começo do ano e fica para trás perto do final não deveria ser sempre censurado ou ridicularizado. Como regra, essas crianças não são responsáveis por seus fracassos. Seus pais e sua condição social são os principais culpados por essas deficiências. O professor negro, então, deve tratar a doença em vez de seus sintomas.

Mas é possível esperar que professores revolucionem a ordem social para o bem da comunidade? De fato, é isso que devemos esperar. O sistema educacional de um país é inútil a menos que realize essa tarefa. Homens com escolaridade e, consequentemente, dotados de uma visão profética devem nos mostrar o caminho correto e nos conduzir em direção à luz que brilha com intensidade cada vez maior.

Na igreja, onde temos mais liberdade e independência, devemos nos livrar dos pastores que não estão preparados para ajudar as pessoas que exploram. O público deve se recusar a apoiar homens desse tipo. Sacerdotes que foram criados pelo velho sistema educacional devem ser despertados e, se isso for impossível, afastados. Aqueles que mantêm o povo na ignorância e brincam com suas emoções devem ser exilados. As pessoas nunca aprenderam o que é a religião, pois a maioria dos pastores acha mais fácil estimular a superstição que se desenvolve na mente não esclarecida. Nas mãos dessa gente, a religião, então, se torna algo que concede vantagem sobre pessoas fracas. Por que tentar esclarecer as pessoas sobre esses assuntos quando a superstição serve tão bem à exploração?

Os sacerdotes que têm a confiança do povo devem, acima de tudo, entender as próprias pessoas. Devem desco-

A DES-EDUCAÇÃO DO NEGRO

145

brir o passado de seus paroquianos, se foram criados na Geórgia, no Alabama ou no Texas, se estão alojados em condições desejáveis, o que fazem para ganhar a vida, como fazem uso de seus rendimentos, como reagem ao mundo à sua volta, como utilizam seu tempo de lazer ou como se comportam em relação a outros elementos da ordem social.

Em nossas escolas, e especialmente nas de religião, deve--se dar atenção ao estudo do negro, da maneira como este se desenvolveu no período anterior à Guerra Civil, mostrando em que medida essa cultura distante foi determinada por ideias trazidas por ele da África. Tomar como favas contadas que o negro desse período era ignorante ou que o nativo trazido da África não tinha uma cultura valiosa apenas porque alguns escritores preconceituosos disseram isso não mostra uma atitude compatível com a intelectualidade, e os estudantes negros que orientam suas trajetórias de acordo com essa visão nunca serão capazes de enfrentar os problemas sociais hoje apresentados pela igreja negra.

Os clérigos de hoje devem aprender a fazer tão bem quanto os antigos. Richard Allen interpretou o cristianismo de uma forma que era nova para o mestre que o havia convertido, e o mesmo fizeram Henry Evans e George Bentley para outros brancos na Carolina do Norte e no Tennessee. Em vez de aceitarem e tentarem pôr em prática as teorias que os exploradores da humanidade lhes apresentaram como um programa religioso, os negros deveriam esquecer suas diferenças e, no esforço para construir uma igreja unida, apresentar uma nova interpretação de Cristo a esse mundo relutante. Seguindo os ensinamentos religiosos de seus traidores, os negros não mostram mais bom senso do que qualquer outro povo ao permitir que criminosos promulguem leis e estabeleçam o procedimento dos tribunais pelos quais serão julgados.

Os clérigos negros também devem ser educados para o seu povo, e não longe dele. Isso, evidentemente, exige um novo tipo de escola religiosa. Para oferecer essa preparação, a igreja negra deve se livrar de sua malfadada força administrativa. Se o número de bispos das várias igrejas metodistas negras fosse reduzido a doze ou quinze, como deveria ser, os 100 mil dólares ou mais que agora são pagos para sustentar esse número desnecessário poderiam ser usados para manter pelo menos uma faculdade credenciada. E o que está sendo levantado aqui e ali para bancar várias instituições esforçadas mas agonizantes, mantidas vivas por bispos e pastores ambiciosos, poderia ser reservado para o povo. Com esse dinheiro voltado para uma utilização mais prática, a raça poderia criar outras coisas que serviriam como um bônus, e não um ônus.

Dizemos ônus porque quase todas as nossas escolas confessionais que estão sugando o povo com o apoio inadequado que recebem ainda são incapazes de fazer um trabalho credenciado. Existem tantas, que uma empobrece a outra. Homens de igreja excepcionais, portanto, precisam atingir sua educação avançada frequentando outras escolas no início ou obtendo um preparo adicional em outros lugares depois de aproveitar o que nossas escolas confessionais têm a oferecer. Esse é um terreno perdido que deve ser recuperado se a igreja quiser avançar.

Com a unificação e a organização adequadas, as igrejas negras poderiam sustentar uma ou duas universidades próprias, que são tão necessárias. Com o atual arranjo de duas ou três na mesma região, e às vezes o mesmo número numa cidade, não há como sair dessa penosa condição de indigência. E mesmo que essas instituições pudessem ir bem naquilo que realizam, elas não suprem todas as necessidades educativas. A fim de se qualificarem para serem aceitos nas profissões, os negros devem frequentar outras escolas, nas quais, embora obtenham os fundamentos, aprendem o suficiente sobre sua "inferioridade" para se desestimularem em sua luta por ascensão.

Não devemos fechar nenhuma faculdade ou universidade negra credenciada, mas garantir homens de visão que nelas trabalhem a partir da perspectiva de quem deve ser atendido. Não devemos gastar menos dinheiro com a educação superior do negro, mas redefini-la como preparação para pensar e elaborar um programa que atenda os humildes, e não para viver como um aristocrata.

Algumas matérias inevitáveis, como matemática, evidentemente continuariam, da mesma forma que a maior parte do estudo de línguas e de ciências práticas. Em teologia, literatura, ciências sociais e educação, contudo, é necessária uma reconstrução radical. As teorias defasadas sobre a relação do homem com Deus e com o próximo, o sistema de pensamento que vem permitindo que um homem explore, oprima e extermine outros e ainda assim seja visto como virtuoso devem ser descartados em favor de uma nova visão do homem como irmão e da ideia de Deus como aquele que ama toda a humanidade.

Depois de estudantes negros dominarem os fundamentos da língua inglesa, os princípios da redação e os principais fatos no desenvolvimento de sua literatura, não devem gastar todo o seu tempo com trabalhos avançados sobre Shakespeare, Chaucer e os anglo-saxões. Devem também dirigir sua atenção ao folclore dos africanos, à filosofia de seus provérbios, ao desenvolvimento do negro no uso da linguagem moderna e às obras de escritores negros.

Os principais fatos da história do mundo devem ser estudados por todos, mas o que um estudante negro de história ganha ao dedicar todo o seu tempo em cursos sobre déspotas como Alexandre, o Grande, César e Napoleão, ou na história de nações cujas notáveis realizações foram a rapina, a pilhagem e o assassinato pelo poder no plano mundial? Por que não estudar o passado africano do ponto de vista da antropologia e da história, e então usar a sociologia da maneira como ela trata do camponês ou do proletário negro que está sofrendo de moléstias o suficiente para fornecer trabalho de laboratório aos estudantes mais avançados da ordem social? Por que não usar a economia tal como ela hoje se reflete sobre os negros e elaborar alguma solução para a falta de capital, a ausência de empreendimentos cooperativos e a vida curta desses estabelecimentos? Instituições como Harvard, Yale e Columbia não vão fazer essas coisas, e educadores influenciados por elas a ponto de se tornarem cegos em relação ao negro não vão servir a raça com eficiência.

Para educar o negro, devemos descobrir exatamente quais são os seus antecedentes, o que ele é hoje, quais são as suas possibilidades e como começar com ele tal como é e torná-lo um indivíduo melhor. Em vez de entupir a cabeça do negro com o que outros mostraram que ele pode fazer, devemos desenvolver seus poderes latentes para que ele possa realizar na sociedade uma parte daquilo que outros não conseguem.

Durante sua vida, este autor viu exemplos notáveis de como as pessoas devem e não devem ser ensinadas. Vale a pena relatar alguns deles. Provavelmente o mais interessante foi o trabalho missionário na China. Em 1903, este autor cruzou o Oceano Pacífico com 26 missionários que estavam indo tomar de assalto o Oriente. Um homem da Carolina do Norte chamado Todd orava e pregava todo dia para estimular seus colegas a realizarem com audácia a tarefa que tinham diante de si. O dr. De Forest, que havia muito tempo atuava como missionário no Japão, informou-os de que o trabalho exigia mais do que entusiasmo; eles não podiam entrar correndo nas casas dos nativos e dizer: "Que a paz esteja nesta casa", pois isso podia ter um efeito contrário e daria a oportunidade para que respondessem: "Que a paz esteja com as suas cinzas".

O dr. De Forest lhes explicou por que havia optado por um curso diferente, preferindo primeiro estudar a história, a língua, os modos e os costumes das pessoas para abordá-las com inteligência; e só depois de estar no país havia quatro anos é que tinha começado a catequizar, mas depois desse tempo ele tivera grande sucesso e fora convidado

A DES-EDUCAÇÃO DO NEGRO

a pregar diante do próprio Mikado. Mas Todd não aceitou esse conselho, e ele ainda não tinha passado cinco meses na China quando, junto com sua mulher, foi envenenado pelo cozinheiro nativo que ficara enfurecido com a forma com que eles interferiam nas instituições de seu povo.

Outro exemplo notável foi a educação nas Filipinas. Não muito depois do final da Guerra Hispano-Americana, o governo dos Estados Unidos começou a aplicar aos filipinos o ensino noturno. Muitos americanos "altamente instruídos" foram levados para lá para fazer o trabalho de educar os filipinos da mesma forma que haviam feito com crianças americanas, cujas condições eram diferentes. O resultado foi o fracasso. Homens preparados em instituições como Harvard, Yale, Columbia e Chicago não conseguiam se fazer entender e tiveram de ser demitidos do serviço. Alguns desses americanos "escolarizados" precisaram ser mantidos com a contribuição de amigos até poderem ser levados de volta a seu país por transportes do governo.

Nesse meio-tempo, contudo, chegou lá um empresário da área de seguros que foi para as Filipinas a fim de se envolver em negócios. Ele nunca havia ensinado, tampouco estudado autores importantes como Bagley, Judd e Thorndike, mas entendia pessoas vendo onde outros tinham fracassado; ele mesmo começou a trabalhar. Ele encheu a sala de aula com objetos do ambiente dos alunos. No começo, não usou muitos livros, pois os que eram fornecidos não se adaptavam às necessidades das crianças. Falava sobre os objetos à volta delas. Tudo era apresentado de maneira objetiva. Quando entendeu os hábitos da cobra, levou o réptil para a escola para uma demonstração. Quando ensinou sobre o crocodilo, levou um para lá. Ao ensinar música aos filipinos, não cantou "Come Shake the Apple-Tree" [Venha sacudir a macieira]. Eles nunca tinham visto uma árvore como essa. Ele os ensinou a cantar "Come Shake the Lomboy Tree"

[Venha sacudir a árvore de Jamelão], algo que eles de fato já tinham feito. Na leitura, não se concentrava na história de como George Washington sempre dizia a verdade. Eles nunca tinham ouvido falar dele e podiam não valorizar esse mito caso alguém lhes falasse sobre ele. Esse educador de verdade lhes ensinou sobre o herói deles, José Rizal, que deu sua vida como mártir pela liberdade do país. Pouco a pouco, eles foram se livrando da maioria dos livros baseados na vida de pessoas americanas e elaboraram uma série inteiramente nova voltada para a vida dos filipinos. O resultado, então, foi que esse homem e outros que percebiam a situação como ele tiveram sucesso, e o funcionamento das escolas públicas nas Filipinas é hoje uma realização notável dos americanos naquele país.

Mas não é nossa intenção sugerir aqui que qualquer povo deva ignorar a história do progresso de outras raças. Não defenderíamos um caminho imprudente como esse. O que dizemos é: se atenha aos fatos reais da história tal como são, mas complete esse conhecimento estudando também a história de raças e de nações que foram ignoradas de propósito. Não devemos subestimar as realizações da Mesopotâmia, da Grécia e de Roma; mas deveríamos dar a mesma atenção aos reinos internos da África, ao Império Songai e à Etiópia, que por meio do Egito influenciaram de maneira decisiva a civilização do mundo mediterrâneo. Não ignoraríamos a ascensão do cristianismo e o desenvolvimento da Igreja; mas ao mesmo tempo faríamos uma menção honrosa às pessoas de sangue africano que figuraram nessas realizações e que hoje se empenham em praticar os princípios de Jesus há muito abandonados pela maioria dos supostos cristãos. Não subestimaríamos as realizações dos capitães da indústria que, na expansão comercial do mundo moderno, produziram a riqueza necessária para a tranquilidade e o conforto; mas daríamos crédito ao negro que com tanta fartura supriu a demanda pela mão de obra com a qual essas coisas foram concretizadas.

A DES-EDUCAÇÃO DO NEGRO   151

Em nossa história particular, não tiraríamos nem um pouco do brilho de qualquer estrela do firmamento. Não aprenderíamos menos sobre George Washington, "número um na guerra, número um na paz e número um no coração de seus compatriotas"; mas também aprenderíamos alguma coisa sobre os 3 mil soldados negros da Revolução Americana que ajudaram a tornar esse "pai de nossa pátria" possível. Não deixaríamos de valorizar a contribuição incomum de Thomas Jefferson à liberdade e à democracia; mas também chamaríamos a atenção para dois de seus notáveis contemporâneos, Phyllis Wheatley, autor de poemas interessantes, e Benjamin Banneker, matemático, astrônomo e defensor de um plano para paz mundial lançado em 1793 com os princípios essenciais da Liga das Nações de Woodrow Wilson. Não depreciaríamos a fama de Perry no lago Erie ou Jackson em New Orleans na segunda guerra contra a Inglaterra; mas nos lembraríamos dos galantes homens negros que os ajudaram a obter essas vitórias memoráveis na terra e no mar. Não deixaríamos de homenagear Abraham Lincoln como o "salvador da pátria"; mas também prestaríamos tributo aos 178 mil soldados negros que se alistaram a serviço da União para que esta fosse preservada e que, por seu heroísmo, demonstraram ter direito à liberdade e à cidadania.

Orientação vocacional

Mas como, neste sistema, um negro pode aprender a ganhar a vida, a tarefa mais importante a que todas as pessoas devem dar atenção? Em vista das vicissitudes econômicas dos negros, a maioria das escolas agora se dedica à chamada "orientação vocacional" na tentativa de responder exatamente a essa pergunta. Para que, porém, devem orientar os estudantes negros? A maioria dos negros hoje empregada está caminhando por becos sem saída e, infelizmente, algumas escolas parecem não fazer nada além de estimulá-los a seguir nessa direção.

Isso parece ser uma afirmação irrefletida, mas um estudo de nosso sistema educacional mostra que as escolas ensinam todos os dias aos negros o que eles não podem fazer na vida ou o que deixou de ser lucrativo com a revolução da indústria e a multiplicação de máquinas. Por exemplo, algumas de nossas escolas ainda ensinam a produção de vestuário, que hoje não oferece futuro, exceto no atendimento a classes ricas privilegiadas. Algumas dessas instituições ainda oferecem instrução em sapataria, cuja técnica desenvolvida em condições desfavoráveis torna impossível a competição com as modernas fábricas que tem como base a invenção de um negro, Jan Matzeliger.

Esses fatos já são conhecidos há gerações, mas algumas dessas instituições aparentemente não mudam. A educação, como a religião, é conservadora. Ela avança devagar, e às vezes nem assim. Muitos dizem para não alterar a forma atual de pensar e agir porque você perturba muitas coisas que há muito são vistas como ideais. O passado morto, segundo essa visão, deve ser o principal fator na determinação do futuro. Devemos aprender com o passado morto, mas deixando que ele permaneça assim.

Uma enquete sobre os empregos dos negros neste país mostra uma situação extremamente indesejável: a educação das massas não as capacitou para avançar muito em matéria de ganhar a vida nem desenvolveu no negro o poder de mudar essa situação. Revela-se que, em muitos estabelecimentos, o negro, quando jovem, começa como zelador ou porteiro e morre, numa idade avançada, na mesma posição. A tradição mantém sua condição dessa forma e ambas as raças se sentem satisfeitas.

Quando um zelador ou porteiro morre, os jornais noticiam o falecimento desse negro que sabia qual era o seu lugar e nele fazia um serviço satisfatório. Brancos "distintos", para os quais passava recados e limpava escarradeiras, apresentam-se como carregadores de caixão honorários e acompanham seus restos até o repouso final. Editores negros imprudentes, em vez de expressarem seu lamento pelo fato de uma vida de utilidade não ter sido compensada com uma promoção, seguem o refrão como se uma grande honraria tivesse sido atribuída à raça.

Entre as pessoas que assim se satisfazem com as atividades inferiores da vida e que mandam seus filhos para a escola para que decorem teorias que jamais verão ser aplicadas, não pode haver algo como uma orientação vocacional. Esse esforço implica um objetivo; e na atual condição de adversidade financeira não há ocupação para a qual o negro possa se preparar com a garantia de que vá encontrar um emprego. As oportunidades que ele tem hoje podem ser tiradas dele amanhã; e as escolas que alteram seus currículos de maneira temerária podem em breve se encontrar no caminho errado, como têm feito há gerações.

A DES-EDUCAÇÃO DO NEGRO

Os negros não precisam de alguém que os oriente para o que pessoas de outra raça desenvolveram. Devem aprender a imaginar e desenvolver alguma coisa por si mesmos. É extremamente patético ver negros implorando a outros por uma chance, como estamos fazendo nos últimos tempos. "Não nos faça passar fome", dizemos. "Deixe-nos entrar em suas lojas e fábricas e fazer uma parte do que você está fazendo para lucrar com o nosso ofício." O negro como escravo desenvolveu essa espécie de dependência fatal; e, restrito principalmente aos serviços subalternos e ao trabalho enfadonho durante a liberdade formal, ele não conseguiu sair disso. Agora o negro está enfrentando o suplício de aprender a fazer por si mesmo ou perecer aos poucos na fila do pão no gueto.

Se as escolas desejam de fato tomar parte em sua necessária ascensão, devem primeiro se equipar com professores. Infelizmente, temos pouquíssimos desses trabalhadores. A grande maioria das pessoas que supostamente ensina nunca leva para a sala de aula alguma ideia sobre como melhorar sua condição. Do ponto de vista desses supostos professores, eles cumprem seu dever quando, de maneira automática, transmitem em sala de aula os fatos particulares que descreveram no exame em que se "qualificaram" para suas respectivas posições. A maioria está satisfeita em receber seu pagamento e gastá-lo com os brinquedos e as bugigangas da vida.

Por exemplo, este autor tem um bom relacionamento com um negro desse tipo, que agora é o diretor de uma das maiores escolas dos Estados Unidos. Do ponto de vista de nosso sistema atual, ele é bem instruído. Tem pós--graduação numa das principais instituições do mundo; e é conhecido por ser bem-informado sobre todas as teorias educacionais elaboradas desde os tempos de Sócrates até a era de Dewey. No entanto, esse "educador" afirma repetidamente que em suas atividades diárias ele não tem nada a ver com negros, porque eles são impossíveis. Diz que nunca compra nada de uma loja de negros e não se arriscaria a colocar um centavo num banco da raça.

Com professores assim, muitos negros aprendem essa lição fatal. Por exemplo, não faz muito tempo uma comissão de negros de uma grande cidade se dirigiu ao proprietário de uma loja de seu bairro e solicitou que ele contratasse um gerente negro. O homem respondeu que duvidava de que os próprios negros quisessem uma coisa dessas. Os negros que lhe solicitavam essa mudança lhe garantiram que eram unanimemente favoráveis a isso. O proprietário, contudo, pediu-lhes que fossem honestos o suficiente com sua firma e consigo mesmos para realizarem uma pesquisa antes de pressionarem mais sobre o assunto. Eles o fizeram e descobriram que 137 famílias negras do bairro eram contra comprar de negros e usar artigos manuseados por eles. Esses negros, então, tinham de fazer o trabalho preliminar de extirpar a ideia de inferioridade resultante de sua des-educação.

Em que direção, então, pode um negro que despreza o empreendimento de seus confrades orientar a juventude de sua raça e onde você pensa que essa juventude orientada desse modo estará em 1950? Os brancos informam diariamente aos negros que não precisam ir até eles atrás de oportunidades. Será que a juventude negra, des-educada por pessoas que depreciam seus esforços, pode aprender a criar oportunidades para si mesma? Esse é o verdadeiro problema que os negros precisam resolver; e quem não está interessado nele e não se esforça para resolvê-lo é inútil para a luta atual.

Nossos professores avançados, da mesma forma que os negros "mais altamente instruídos", dão pouca atenção às coisas a sua volta, exceto quanto o sapato começa a apertar de um lado ou de outro. A menos que aconteça de ficarem nus, nunca refletem sobre a produção de algodão ou de lã; a menos fiquem com fome, nunca se dedicam a pensar sobre o trigo ou o milho; a menos que

A DES-EDUCAÇÃO DO NEGRO

seus amigos percam seus empregos, nunca se preocupam com o cenário do carvão ou do aço, ou como essas coisas afetam as crianças que estão tentando ensinar. Em outras palavras, vivem num mundo, mas não fazem parte dele. Como é que essas pessoas podem orientar a juventude sem saber como essas coisas afetam a comunidade negra?

A comunidade negra, em certo sentido, é composta pelos que estão à sua volta, mas funciona de maneira diferente. Você não consegue enxergar isso apenas olhando através das janelas da sala de aula. Essa comunidade exige uma investigação científica. Embora pessoas de sangue africano sejam obrigadas a manter relações mais próximas com sua própria gente do que com outros elementos da sociedade, elas são influenciadas em termos sociais e econômicos de outras formas. A comunidade negra sofre de uma falta de delimitação por causa das muitas ramificações da vida nos Estados Unidos. Por exemplo, pode haver uma mercearia de negros no bairro, mas o motorista negro de um homem rico do centro da cidade e a lavadeira de uma família aristocrática numa "área grã-fina" serão mais do que capazes de comprar sua comida e suas roupas num estabelecimento maior em que seus empregadores têm conexões, embora lá possam ser insultados. Negros do distrito de Columbia têm milhões de dólares depositados em bancos do centro, onde não se permite que mulheres negras entrem nos sanitários femininos.

Bem no coração da área em que residem os negros altamente instruídos de Washington, há um restaurante que atende pela porta da frente exclusivamente os empresários brancos, que precisam viver na área dos negros para fornecer a eles as necessidades básicas, ao mesmo tempo que atende pela porta dos fundos muitos negros, que se aglomeram numa sala lúgubre para comprar seja lá o que for jogado sobre eles. A menos de dois quarteirões de distância, porém, há vários negros proprietários de cafeterias onde podem ser atendidos pelo mesmo preço e em condições desejáveis. Negros que fazem isso, dizemos, não têm uma atitude adequada diante da vida e de seus problemas, e por isso não perdemos tempo com eles. Não pertencem a nossa comunidade. Os traidores da raça, contudo, estão orientando essas pessoas de maneira errada. Por que os negros "instruídos" não alteram seu rumo se identificando com as massas?

Por motivos similares, o profissional negro nem sempre tem uma bela casa e um carro de luxo. Sua posição em contrário pode resultar de uma ação semelhante à de um homem pobre que recentemente bateu à porta deste autor por volta da meia-noite a fim de usar seu telefone para solicitar uma ambulância do Hospital de Emergências para o atendimento imediato de sua esposa doente. Embora morasse perto do Hospital dos Libertos, onde ela receberia muito mais consideração e solidariedade, ele preferiu levá-la para outro hospital, onde teria de ser conduzida pela entrada dos fundos e colocada num quarto sobre uma estrebaria. Mas ele trabalhava lá e, em função de sua longa associação com seus traidores e o tipo de tratamento que estes lhe haviam dispensado, ele estava disposto a entregar nas mãos deles o tema delicado da saúde de sua esposa. Essa era uma parte de sua comunidade.

Muitos negros vivem em comunidades assim. Você diz que essa atmosfera não é favorável e que não quer perder tempo com essas pessoas que se satisfazem com isso, mas o sacerdote explorador, o político sem princípios, o apostador compulsivo e o agente do vício estão todos lá desorientando de propósito essas pessoas que ainda não afastaram as correntes da escravidão de sua mente. O que será delas? O que será de você?

Nós as evitamos porque gostamos de estar com outras pessoas, mas elas estão desenvolvendo sua própria comunidade. O professor delas mora em outra comunidade, que pode estar crescendo ou não. Será que essa comunidade vai se expandir para incluir a dessas pessoas? Senão, a comunidade delas vai invadir a dele. É uma espécie de dualismo social. Qual será o final? O professor vai ajudar a responder a essa pergunta.

Essa orientação, contudo, não deve se restringir às chamadas pessoas comuns. Tantos negros agora envolvidos no mundo dos negócios não conhecem suas possibilidades e limitações. A maioria é tão insensata quanto um empresário negro que foi a Washington recentemente num carro de 10 mil dólares representando uma firma que tinha apenas 100 mil dólares investidos. É só uma questão de tempo para que sua firma deixe de existir. Ele começou a destruir o seu negócio na própria origem. Enquanto negros gastam seus recursos e a si próprios numa vida desregrada, os forasteiros chegam para residir entre eles em condições modestas pelo tempo necessário para enriquecer e se juntar aos que cercam economicamente esses desafortunados, até que toda esperança de sua redenção esteja perdida.

Para os negros deste país escaparem à inanição e saírem da pobreza, chegando ao conforto e à tranquilidade, precisam mudar sua maneira de pensar e de viver. Nunca este autor viu uma demonstração mais impressionante dessa necessidade do que recentemente, quando um jovem veio até ele procurando por emprego. Ele estava bem-arrumado, com joias e roupas finas, e enquanto esteve no escritório fumou cigarros o bastante para pagar as refeições de alguém por um dia. Um homem desse tipo num grupo assolado pela pobreza vai sofrer e morrer.

Uma jovem que havia sido recentemente despedida de um emprego no qual recebeu durante anos um salário considerável se aproximou deste autor lhe pedindo que a ajudasse a resolver o problema de como ganhar a vida. Ele não pôde sentir muita solidariedade por ela, contudo, porque ela usava um casaco cujo preço era suficiente para uma pessoa se sustentar de maneira confortável por pelo menos dois anos. Além disso, enquanto falava com ele, ela se ocupou tanto em lhe dizer o que desejava que teve pouco tempo para lhe informar o que podia fazer para suprir suas necessidades.

Um homem que este autor conhece ficou visivelmente prejudicado por ter perdido uma posição muito bem-remunerada. Ele agora deve estar trabalhando por pouco mais da metade do que estava acostumado a ganhar. Com o antigo salário, ele conseguia manter duas ou três garotas além da esposa, e consumia o que havia de melhor em bebidas contrabandeadas. Ao tentar fazer agora tudo isso com um pequeno salário, ele se vê seguindo um curso extremamente tortuoso para equilibrar o orçamento, e sofre tanto por dentro quanto por fora.

Essa atitude indesejável em relação à vida resulta do fato de o negro ter aprendido com outros muito mais rápido a gastar dinheiro do que a ganhá-lo. No momento atual, portanto, será muito sensato para os negros se concentrar no uso prudente do dinheiro e nos resultados maléficos de seu uso incorreto. Em grandes cidades como Washington, Baltimore, Filadélfia, Nova York e Chicago, eles ganham milhões a cada ano e gastam na mesma hora essas grandes somas com trivialidades que atacam sua saúde, viciam sua moral e contribuem para o colapso de gerações de negros ainda por nascer.

Esse esclarecimento em relação às possibilidades econômicas na comunidade negra deve incluir não apenas a instrução sobre como empresas podem se tornar possíveis, mas também como devem ser distribuídas entre as várias partes dessa comunidade. Tal conhecimento é especialmente necessário no caso dos negros, por causa da tendência fatal à imitação não apenas do homem branco, mas de outros de seu próprio grupo. Por exemplo, um negro abre um restaurante numa esquina e vai bem. Outro, observando essa prosperidade, pensa que pode se dar tão bem quanto se abrir um estabelecimento parecido do outro lado da rua. O resultado inevitável é que, dividindo

A DES-EDUCAÇÃO DO NEGRO

a clientela entre ele e seu precursor, fica impossível para ambos manter a quantidade de fregueses suficiente para continuar no negócio.

Em empreendimentos de grande importância também se evidencia essa tendência indesejável à duplicação de esforços. É comum encontrar dois ou três bancos numa comunidade negra, cada um lutando por sua existência e competindo pela clientela daquele pequeno grupo de pessoas, sendo que todas dificilmente seriam capazes de sustentar uma única instituição financeira. Esses bancos continuam sua competição improdutiva e nunca pensam em se fundir, até que uma crise os obrigue a fazer isso ou ir à falência. A comunidade negra, então, nunca tem uma instituição financeira com recursos suficientes para estimular os esforços de empresários que de outra maneira poderiam ser bem-sucedidos.

A mesma miopia se evidencia no caso de empresas de seguros organizadas por negros. Uma se estabelece aqui e outra ali, imitando a primeira. Estamos acostumados a nos gabarmos de que os negros têm cerca de cinquenta empresas de seguros neste país, cobrindo as esquinas das ruas das cidades com grandes anúncios que mostram o que elas estão fazendo pela raça. Em vez de nos gabarmos dessa expansão insensata, devíamos receber essa informação com pesar, pois o que a raça de fato precisa é da fusão de todas essas empresas agora sustentadas por negros, criando uma que seja forte. Tal passo, que se afasta da duplicação, seria um grande avanço em direção ao nosso tão necessário despertar, e certamente nos daria prestígio no mundo dos negócios.

Esse jogo de imitação e duplicação é sem dúvida desastroso para o empreendimento econômico, como podemos observar no dia a dia. Alguns dias atrás, um jovem do Leste lamentava o fato de que, após investir os ganhos de sua vida no ramo farmacêutico e fazer todos os esforços para estimular a empresa, havia fracassado. Alguém então aproveitou a ocasião para lembrar-lhe de que homens haviam enriquecido, em geral, não por fazerem o que milhares de outros estão fazendo, mas por tentarem algo novo. Se, em vez de entrar no ramo do varejo de remédios, ele tivesse concebido e concretizado a ideia de criar uma rede de farmácias, teria se tornado um homem independentemente rico.

Sempre existe uma chance de fazer isso porque a ampla maioria das pessoas não pensa e, portanto, deixa o campo aberto para quem tem algo novo para agradar ao público. Negros até acharam isso possível na época da escravidão, quando a raça supostamente não tinha nenhuma chance.

Cerca de cem anos atrás, Thomas Day, um negro da Carolina do Norte, percebeu que o mobiliário tosco das pessoas de sua comunidade não se adequava às exigências daquelas de inclinação moderna. Ele então elaborou um estilo de móveis elegantes e modernos que atraíram a atenção das pessoas mais aristocráticas do estado e criou para si mesmo uma empresa de grande sucesso. Pessoas daquele estado ainda falam dos móveis Day, e não faz muito tempo ele foi tema de um artigo de revista. Se a Carolina do Norte produzisse mais negros desse tipo hoje em dia, uma vez dos muitos que vão ensinar e pregar, alguns de seus problemas atuais poderiam ser resolvidos.

Durante esse mesmo período, outro negro estava mostrando ser igualmente engenhoso. Esse foi Henry Boyd. Depois de comprar sua liberdade no Kentucky, ele foi para Cincinnati a fim de começar a vida como homem livre. Lá encontrou tanto preconceito contra o negro que não conseguiu arranjar emprego em sua área, a marcenaria. Contudo, uma nova ideia lhe veio à mente, e desse modo ele resolveu seu problema.

Boyd se convenceu de que seu povo tinha dormido por muito tempo sobre colchões de palha e ripas de madeira e inventou a cama com estrado de cordas, a mais confortá-

A DES-EDUCAÇÃO DO NEGRO

vel antes de surgirem as de molas, ainda mais confortável do que a de cordas. A cama de Boyd se popularizou nos vales de Ohio e de Mississippi, e ele criou um negócio lucrativo que exigiu o emprego de 25 artesãos negros e brancos. Outros empreendedores negros como Boyd deram ao elemento negro de Cincinnati, antes da Guerra Civil, um aspecto de mais progresso do que hoje. Será que o negro tem menos chances hoje do que tinha cem anos atrás?

Durante cerca de trinta anos, este autor teve contato com uma velha senhora negra de Gordonsville, na Virgínia, que deu ao mundo algo novo em matéria de fritar galinhas. Ela descobriu a arte de fazê-lo de uma forma que ninguém mais conseguia, e teve uma boa vida vendendo seus frangos e folheados fritos, excepcionalmente bem preparados, pelas janelas dos vagões dos trens parados na estação. Homens e mulheres bem-sucedidos de ambas as raças deixavam o trem Pullman com seu moderno vagão-restaurante e iam abastecer a si mesmos e aos amigos com as refeições deliciosamente preparadas por essa velha senhora.

Outra mulher de cor que mora em Columbia, no Missouri, há pouco tempo ofereceu ao mundo outra nova ideia. Ela aprendeu a cozinhar, especialmente assados, mas não viu nenhuma oportunidade excepcional na aplicação comum desse produto. Depois de estudar sua situação e o ambiente em que precisava viver, ela chegou ao projeto de popularizar seus saborosos biscoitos de batata, com a massa batida até ficar mais clara que a de qualquer outro por invenção sua; e pessoas de ambas as raças percorriam o mesmo caminho até sua casa para desfrutar desses deliciosos biscoitos. Dessa maneira, ela se tornou independente, assim como sua família.

É dessa maneira que se fazem fortunas, mas negros que estão fazendo de modo consciente o possível para ascender na esfera econômica não seguem os nobres exemplos dos que tiveram menos oportunidades do que temos hoje. Gastamos muito tempo com imitações servis, mas nossos amigos brancos se aventuram por outros caminhos. Quase todas as grandes fortunas dos Estados Unidos foram construídas dessa forma.

John D. Rockefeller não começou sua carreira imitando Vanderbilt. Rockefeller viu sua oportunidade no desenvolvimento da indústria petrolífera. Carnegie teve o bom senso de não imitar Rockefeller, pois esse trabalho já tinha sido bem realizado, e se concentrou na siderurgia. Henry Ford sabia que não valeria a pena seguir o caminho de Carnegie, pois apareceu uma possibilidade mais ampla de realização na área industrial, a de oferecer ao mundo a facilidade do transporte acessível com carros baratos.

Embora essa orientação, da forma que o negro precisa, deva se concentrar primeiramente nas coisas materiais, ela não deve parar aí como se esse fosse seu fim. Com sua aquisição, estabelecemos as bases para as maiores conquistas do espírito. Um homem pobre orientado de maneira adequada pode escrever um poema mais bonito do que um que viva na abundância. O homem da choupana compõe uma melodia mais atraente do que o do palácio. O pintor do gueto tem inspiração para produzir um retrato mais emocionante do que seu senhorio pode reconhecer. O escultor desnutrido vive com mais abundância do que o milionário que adquire a expressão de seu pensamento em mármore e bronze. Para o negro, então, a oportunidade é muito ampla. Que ele se prepare para entrar nessa área em que a competição não é desvantagem. Nessa esfera, ele pode aprender a liderar o mundo enquanto caminha ao seu lado no desenvolvimento das coisas materiais da vida.

O novo tipo de profissional necessário

Os negros devem estudar para se tornarem profissionais pelas mesmas razões que membros de outra raça devem seguir esses padrões de empenho e também pelo apelo particular que lhes é feito de ajudar os humildes de sua raça. No caso da lei, devemos parar de fazer exceções por conta das possibilidades de fracasso do negro que são resultado do preconceito contra o advogado de sua raça e a falta de empresas negras que requeiram seus serviços. Os negros devem se tornar iguais aos cavalheiros ingleses que estudam a lei de sua terra não porque pretendem praticar essa profissão, mas porque todo cavalheiro deve conhecer a lei. Além disso, na interpretação das leis pelos tribunais, todos os direitos dos negros deste país estão envolvidos, e muitos dos nossos devem se qualificar para esse importante serviço. Podemos ter um número excessivo de advogados do tipo errado, mas não temos nossa parcela do tipo certo.

O advogado negro tem a tendência de seguir os passos do advogado branco comum e não desenvolveu o poder que poderia adquirir se conhecesse mais sobre as pessoas que ele deveria servir e os problemas que elas têm de enfrentar. Essas coisas não constituem o direito em si, mas determinam amplamente se o negro vai ou não trabalhar nessa área e o sucesso que vai obter nessa profissão. A falta de atenção a essas coisas significa com frequência a ruína de muitos advogados negros.

Existem, além disso, certos aspectos da lei que dificilmente despertariam a preocupação do branco, mas aos quais o negro deve dedicar especial atenção. De importância incomum para o negro é a necessidade de compreender as representações equivocadas nas fichas criminais dos negros e as distinções de raça nas leis das nações modernas. Esses assuntos exigem um estudo sistemático dos princípios do direito e do processo jurídico e, além disso, um exame mais profundo dos problemas legais que afetam o advogado negro na vida que deve levar. Isso oferece uma oportunidade incomum à escola de direito de negros.

Como nossos advogados não prestam atenção a esses problemas, muitas vezes fracassam numa crise. Eles têm interesse na raça e querem defender sua causa. O caso, contudo, exige não apenas o espírito altruísta que eles por vezes manifestam, mas um conhecimento muito maior dos princípios jurídicos envolvidos. Nada ilustra isso melhor do que o fracasso de um de nossos advogados que não estava à altura do caso levado à Suprema Corte dos Estados Unidos pelo estado de Oklahoma para testar a validade da exclusão dos negros dos vagões Pullman. Essa mesma crítica pode ser feita em relação ao caso da segregação no distrito de Columbia, apresentado a esse mesmo tribunal por outro advogado negro. Em ambos os casos os advogados começaram errado e terminaram errado. Faltava-lhes o conhecimento sobre como apresentar esses processos adequadamente à Corte.

Nossos advogados devem aprender que os juízes não são advogados, pois devem decidir com base no mérito do que lhes é apresentado. Não cabe aos juízes ajustar seus pleitos ou decidir processos de acordo com suas boas intenções. De certo não se pode esperar tal generosidade de tribunais preconceituosos que procuram qualquer falha possível para fugir de uma decisão franca sobre os direitos dos negros garantidos pela Constituição. Esses assuntos exigem estudos avançados e uma pesquisa meticulosa;

A DES-EDUCAÇÃO DO NEGRO

mas nossos advogados, em geral, não estão interessados por esse tipo de exercício mental.

As escolas de medicina para negros têm uma oportunidade muito melhor do que as poucas escolas de direito negras, que atuam na preparação profissional de pessoas da raça. Por conta do contato racial exigido de médicos brancos, que por vezes não estão dispostos a manter essa relação com negros, os médicos e dentistas negros têm uma chance melhor em meio ao seu povo do que os advogados negros; e a demanda pelo serviço deles garante uma renda maior do que os advogados negros estão acostumados a obter. Mas, apesar dessa oportunidade melhor, as escolas negras de medicina e os que se formam nelas têm feito pouco mais do que outras raças para resolver os problemas peculiares com que se defronta a raça negra.

Um número muito grande de negros estuda medicina e odontologia apenas por objetivos egoístas, esperando assim aumentar sua renda e gastá-la numa vida prazerosa. Têm a ambição de comprar carros de luxo, usar roupas bonitas e aparecer com destaque na sociedade. A prática desses profissionais entre negros pobres garante esses resultados. Então, por que não ser um médico ou dentista?

Um número muito grande de nossos médicos é como aquele que este autor recentemente visitou em Nova York. "Quando ouvi você subindo as escadas", disse ele, "comecei a ficar contente, pois estava certo de que você era outro paciente do qual eu poderia extrair pelo menos dois dólares por uma receita."

No entanto, é possível se perguntar como esse médico pode prosperar em sua profissão, pois não tinha nenhum equipamento especial para atuar em qualquer tipo de prática avançada da medicina. Quase tudo que ele podia fazer era examinar a língua do paciente, medir sua pulsação, fazer-lhe algumas perguntas, escrever uma receita e recolher o pagamento. Ele não tinha nem parecia ambicionar ter o aparato exigido pelo tratamento moderno de doenças graves.

Os negros de hoje têm muita necessidade de médicos que, em seu trabalho profissional, correspondem àquilo que lhes foi ensinado na escola e estabelecem suas bases tanto pela experiência quanto pelo treinamento posterior. Em sua posição segregada no gueto, o problema da saúde do negro apresenta mais dificuldades do que o dos brancos, que vivem em condições diferentes. A longevidade do negro depende, em parte, do suprimento de médicos e enfermeiros negros que vão se dedicar de forma altruísta à solução desse problema particular. Como os negros são forçados a vivenciar situações indesejáveis e compelidos a habitar bairros infestados de germes, não podem escapar à exterminação final se nossos médicos não os ajudarem a elaborar um programa de saúde para a comunidade que ofereça aos negros alguma forma de sobrevivência.

As escolas de medicina para negros e os que nelas se formam devem divulgar mais a necessidade de melhorar as condições que determinam a saúde e erradicam a doença. Um grande número de médicos e enfermeiros deve ser treinado, e novas oportunidades de praticarem as suas profissões devem ser encontradas. Isso pode ser feito ao se obter produtos melhores dessas escolas e ao ampliar o número de hospitais nas comunidades negras, por tanto tempo esquecidas. Nessa campanha, contudo, os médicos negros devem assumir a liderança e outros devem se juntar a eles nesses esforços.

As escolas de medicina também devem formar negros com um programa de pesquisas médicas. Hoje o mundo tende a dar atenção à saúde do negro porque as condições insalubres em que a raça vive vão significar problemas de saúde para os brancos. Os filantropos, porém, dificilmente sabem como proceder ou que caminho seguir porque se descuidaram dos negros por tanto tempo que agora não têm noção de como atendê-los de maneira apropriada; e os próprios médicos negros têm falhado no que se refere a dar uma atenção adequada a essas condições. Os estudantes negros de medicina não prestam atenção suficiente aos antecedentes desses negros no período anterior à Guerra Civil, que, ainda sob essa influência, entregam-se a práticas supersticiosas e religiosas que impedem o progresso da medicina entre eles. Qualquer um ficaria surpreso ao conhecer o grau em que a medicina primitiva é hoje praticada entre os negros americanos. Muitas vezes, nos distritos rurais, é difícil verem um médico. A parteira e o curandeiro controlam a situação por lá.

O maior problema que agora espera por uma solução é a investigação do porquê as raças desenvolvem doenças de maneiras diferentes. Quais são as moléstias a que o negro é mais suscetível que o branco? Quais são aquelas a que o branco é mais suscetível que o negro? O negro resiste à febre amarela e à gripe, mas o branco morre. O homem branco resiste muito bem à sífilis e à tuberculose, mas o negro afetado por essas doenças sucumbe com facilidade. Essas questões oferecem um campo de pesquisa convidativo para estudantes negros.

Embora se ouça falar muito sobre medicina, direito e coisas semelhantes, sua importância não deve ser indevidamente enfatizada. Sem dúvida homens não devem se aglomerar nessas esferas para ganhar dinheiro, mas todas as profissões entre os negros, com exceção do ensino e do sacerdócio, sofrem da falta de pessoal. Os profissionais negros, em sua totalidade, constituem menos de 2,5% das pessoas com mais de dez anos de idade que têm um emprego remunerado. Ao mesmo tempo, os brancos encontram certas profissões congestionadas e alguns não poderiam existir sem uma clientela negra. Os negros também deveriam passar por uma preparação especial para as profissões em que demonstram aptidão especial, como é o caso das artes. Não precisam esperar que os americanos provem sua incursão em áreas desconhecidas. O mundo não se circunscreve aos Estados Unidos. Se as pessoas daqui de fato reconhecem o negro nessas esferas, que ele procure se submeter a um teste nos círculos liberais europeus. Se ele dominar alguma arte, os europeus irão valorizá-lo e lhe garantir sucesso em áreas proibidas.

Na Europa, deve-se observar, o artista negro não é requisitado apenas como um simples imitador. Os europeus vão reconhecê-lo como um artista sofisticado que representa a arte de seu povo. Como disse um abolicionista inglês mais de um século atrás: "O retrato do negro raras vezes foi desenhado senão pelo lápis do opressor, e o negro tem posado para ele com a atitude distorcida da escravidão". Uma nova forma de abordagem, contudo, agora é possível. Está ocorrendo um despertar na Europa para a percepção da importância da cultura africana, e alguns círculos de lá querem ver essa vida retratada pelo negro, que pode vê-la de dentro. Há nela uma filosofia que o mundo deve compreender. Dessa contemplação pode surgir um novo programa social em que esteja presente a oportunidade de o artista negro se apresentar como um reformador do mundo? Será que ele vai ver e viver isso ou continuar sendo apenas uma imitação dos outros e, desse modo, perecer?

Grandes realizações a serviço da pátria

Outro fator que o negro precisa é de uma nova figura na política que não se preocupará tanto com o que outros possam fazer por ela e sim o que ela pode fazer por si mesma. Essa figura conhecerá o suficiente do sistema de governo para não levar seus problemas para os funcionários federais e assim confessar um fracasso na comunidade em que vive. Saberá que sua liberdade em relação à servidão e ao linchamento será determinada pelo grau em que poderá se transformar num cidadão valoroso e deixar sua marca na comunidade.

O novo negro na política não será tão insensato a ponto de participar de delegações ignorantes, constituídas em conferências e convenções, que realizam a cada ano uma peregrinação à Casa Branca para se queixarem ao presidente por terem fracassado em corresponder às demandas de autopreservação em termos sociais e econômicos.

O novo negro na política entenderá de forma clara que, numa análise final, os funcionários federais não podem fazer nada sobre esses assuntos que pertencem à esfera política dos estados, e não vai se colocar na posição de ser recebido com frieza e tratado com desprezo, como o fazem esses falsos líderes ignorantes da raça negra desde tempos imemoriais. Assim, o novo negro na política vai apelar na sua região a seus amigos e aos de outras raças por acreditar na justiça social. Se ele fizer alguma coisa por si mesmo, outros farão mais por ele.

Então, o crescente vigor da raça não será desperdiçado numa rixa partidária em benefício dos opressores dos negros. Não é possível que chefes políticos induzam quase todos os negros da comunidade a abandonarem seus empregos permanentes a fim de ajudar a eles e aos de sua laia na realização de algum programa voltado para os propósitos egoístas de quem elaborou o esquema. Não é possível que políticos distribuam fundos na base de cinquenta ou cem dólares por cabeça entre os clérigos proeminentes e os usem, junto com suas congregações, em disputas partidárias violentas. É muito vergonhoso que alguns clérigos utilizem a religião como camuflagem para ganhar influência nas igrejas com o único objetivo de usar esse poder para fins políticos egoístas.

O negro deve se empenhar em ser uma figura na política, não um instrumento dos políticos. Esse papel mais elevado deve ser desempenhado sem depositar todos os votos de uma raça de um dos lados da cerca, como negros e brancos têm feito no Sul, mas numa ação independente. O negro não deve censurar o Partido Republicano por esquecê-lo nem culpar o Partido Democrata por se opor a ele. Tampouco o Sul deve culpar quem quer que seja, senão a si mesmo, por seu isolamento na política nacional. Qualquer pessoa que vote da mesma forma por três gerações sem com isso obter resultados deve ser ignorada e desqualificada.

Um elemento minoritário do povo negro não deve bater à porta de determinado partido político; deve apelar aos próprios negros, e deles devem vir a harmonia e a ação conjunta para um novo avanço em direção à ampliação da liberdade dos homens. O negro deve usar o voto em vez de distribuí-lo para recompensar os mortos por alguns favores obtidos num passado distante. Deve se manifestar não pelos poucos cargos marcados como empre-

A DES-EDUCAÇÃO DO NEGRO   173

gos de negros, mas pelo reconhecimento dessas pessoas desprezadas como homens segundo a cláusula da Constituição dos Estados Unidos. Os poucos cargos nacionais e estaduais antes reservados para negros se reduziram à insignificância se comparados às muitas posições altamente lucrativas agora ocupadas por negros como resultado de seu desenvolvimento em outras esferas. Por vezes um negro proeminente na educação, no mundo dos negócios ou na vida profissional pode ganhar mais em alguns meses do que os políticos de maior sucesso ganham em anos. Esses empregos políticos, além disso, foram reduzidos nos últimos anos porque o aumento do preconceito racial, que essa política certamente ajudou, oferece às lideranças partidárias uma desculpa por não oferecerem a seus colaboradores negros alguma coisa a mais.

O Novo Negro na política deve aprender uma coisa que os velhos "cabos eleitorais" nunca conseguiram perceber, ou seja, não apenas que os poucos cargos reservados para negros são insignificantes, mas que, ainda que o negro recebesse uma porção proporcional do espólio, a raça não pode ter a esperança de resolver algum problema grave com as constantes mudanças da política. A verdadeira política, a ciência de governar, está profundamente arraigada nos alicerces econômicos da ordem social. Para figurar amplamente na política, o negro deve ser uma grande figura nessa área. Portanto, uma classe de pessoas um pouco acima da pobreza nunca pode ter muita influência nos círculos políticos. O negro deve desenvolver seu caráter e seu valor para se tornar desejável em toda parte, de modo a não precisar bater às portas dos partidos políticos, mas fazer com que elas fiquem abertas para ele.

O novo negro na política não deve pedir dinheiro aos partidos ou se empregar por uma ninharia para colocar eleitores em fila. Deve contribuir para a campanha do partido que o agrada em vez de depender dele para ter a permissão de sobreviver durante os três meses de propaganda política. Será considerado um golpe de sorte que um negro com tal influência e caráter se alinhe a um partido, e esse fato vai influenciar fortemente o elemento a que ele pertence.

O novo negro na política, além disso, não deve ser um político. Deve ser um homem. Deve tentar dar ao mundo alguma coisa em vez de tirar alguma coisa dele. O mundo, como o novo negro deveria ver, não lhe deve nada, de certo não um cargo político; e ele não deve tentar apenas garantir um desses cargos, e assim desperdiçar anos valiosos que poderiam ser dedicados ao desenvolvimento de alguma coisa de valor permanente. Se assumir um cargo, isso deve ser visto como um sacrifício, pois seu tempo valioso é requerido em algum outro lugar. Se o país necessita dele num cargo civil, pode responder ao chamado como uma questão de dever, pois sua inutilidade está, de outra forma, garantida. De um negro como esse, então, devemos esperar um aconselhamento seguro, uma orientação inteligente e um esforço construtivo pelo bem de todos os elementos de nossa população.

Quando esses negros assumirem um cargo, você não vai vê-los se especializando em coisas que dizem respeito de modo peculiar aos negros, apresentando apenas leis contra os linchamentos e medidas para proporcionar aposentadoria aos libertos. O novo negro na política verá sua oportunidade não como algo que o restrinja, mas enxergando a ordem social e econômica na totalidade com sua raça como parte dela. Trabalhando dessa forma em benefício de tudo que é instigado por sua mentalidade liberal, o novo negro fará muito mais para reunir os elementos em favor do bem comum do que conseguiria fazer falando sobre os males que atingem este lado em particular e estendendo a mão para uma gorjeta.

Ao sugerir aqui a ascensão do novo negro na política, este autor não tem em mente os chamados radicais negros que leram e entenderam mal Karl Marx e seus discípulos e que resolveriam tanto os problemas políticos quanto econômicos da raça pela aplicação imediata desses princípios. A história mostra que, embora muitos tenham de fato tentado concretizar esses sonhos agradáveis, eles voltaram, em última análise, para um programa social baseado na competição.

Se ninguém for aproveitar os frutos de seu trabalho excepcional mais do que o indivíduo que não está preparado para realizar tal serviço extraordinário, então nem um em mil será humanitário o bastante para se movimentar a atingir tal importância, e a força aplicada nesse caso para estimular essa ação será sempre arruinada. Se os brancos que estão empolgados trazendo para os negros essas doutrinas estranhas são insanos o suficiente para acreditar nelas, os próprios negros devem aprender a pensar antes que seja tarde demais.

A história mostra que não importa quem está no poder ou que forças revolucionárias assumem o governo, os que não aprenderam a fazer por si mesmos e que dependem apenas de outros nunca obtêm mais direitos ou privilégios no final do que tinham no início. Mesmo que a esperada ascensão social aconteça, o negro estará mais bem preparado para cuidar de si mesmo na reconstrução subsequente se desenvolver o poder de ascender a uma posição mais elevada depois que o povo radicalmente democrático tiver se recuperado de sua farra numa utopia impossível.

Dizer que o negro não pode se desenvolver o bastante no mundo dos negócios a ponto de bater de frente com os capitalistas de hoje é negar fatos reais, refutar a história e desmerecer o negro como competidor efetivo na batalha econômica da vida. Nenhum homem sabe o que pode fazer até tentar. A raça negra nunca tentou fazer muita coisa por si mesma. Ela tem grandes possibilidades. Desperto da forma adequada, o negro pode fazer o que se diz impossível no mundo dos negócios e assim ajudar o governo em vez de apenas ser governado.

Na incapacidade de perceber isso e na defesa da destruição de toda a ordem econômica para corrigir equívocos sociais podemos ver mais uma vez a tendência do negro de esperar que alguma força de fora faça por ele o que ele deve aprender por si mesmo. O negro precisa se tornar radical, e a raça nunca vai chegar a lugar algum até que se torne assim de fato, mas esse radicalismo deve vir de dentro. O negro será muito tolo se recorrer a medidas extremas em favor de movimentos de outros antes de aprender a sofrer e a morrer para corrigir os próprios erros. Não há movimento no mundo que opera especialmente para o negro. Ele deve aprender a fazer isso por si mesmo ou ser exterminado, da mesma forma que o índio americano encontrou sua ruína no pôr do sol.

Por que o negro deveria esperar por alguém de fora para estimulá-lo à autoafirmação quando se vê roubado por seu empregador, enganado por seu comerciante e censurado pelos agentes governamentais da injustiça? Por que esperar por um incitamento à ação quando vê sua masculinidade insultada, suas mulheres ultrajadas e seus companheiros linchados por diversão? Os negros sempre tiveram motivo suficiente para serem radicais, e parece tolo vê-los assumindo a causa de outros que fingem estar interessados no negro quando só querem usar a raça como meio para atingir um fim. Quando o propósito desejado por esses grupos supostamente amistosos tiver sido atingido, eles não terão mais necessidade de usar o negro e vão descartá-lo, como fez a máquina republicana.

Os radicais também apresentam o argumento de que o negro, sendo um grupo minoritário, sempre será subjugado por outros. Do ponto de vista dos elementos egoístas isso pode ser verdade, e sem dúvida funciona assim há algum tempo; mas as coisas nem sempre terminam de acordo com cálculos matemáticos. Com efeito, os fatos importantes da história nunca foram determinados assim. Só o temporário e o trivial podem ser previstos desse modo. Se o fator humano é sempre difícil para o materialista avaliar e as profecias do alarmista são com frequência desmentidas, por que esperar menos no caso do negro?

O estudo do negro

Os fatos extraídos de uma experiência de mais de vinte anos nos possibilitam fazer certas deduções em relação ao estudo do negro. Só um negro em 10 mil está interessado no esforço de apresentar o que sua raça pensou e sentiu e tentou e realizou para não se tornar um fator insignificante para o pensamento do mundo. Pelas tradições e pela educação, contudo, a ampla maioria dos negros se interessou pela história e pela condição de outras raças, e eles gastam milhões todos os anos para promover esse conhecimento. Somado a essa quantia, evidentemente, devem-se considerar os amplos valores pagos por dispositivos na tentativa de não serem negros.

A principal razão pela qual tantos prestam tão pouca atenção às origens do negro é a crença de que esse estudo é irrelevante. Consideram como história apenas feitos como o de Mussolini, que, depois de construir uma máquina de guerra eficiente com a ajuda de outros europeus, agora a utiliza para matar africanos desarmados e indefesos que se limitam a tratar com exclusividade de seus próprios negócios.* Se Mussolini tiver sucesso em esmagar a Abissínia,

---

* Conhecida como a Segunda Guerra Ítalo-Etíope, ocorrida em 1935-6, em que a Itália fascista invadiu a Abissínia, atual Etiópia. Em maio de 1936, Mussolini anunciou a vitória italiana e estabeleceu o império na região, que permaneceu ocupada até 1941. (N. E.)

será registrado pela história entre os Césares, e volumes escritos em louvor ao conquistador chegarão aos lares e às bibliotecas de milhares de negros des-educados. O opressor sempre instilou no fraco sua interpretação dos crimes cometidos pelos fortes.

Os chefes militares só fizeram o bem acidental ou incidentalmente quando buscavam fazer o mal. Os movimentos que melhoraram a condição da humanidade e estimularam o progresso foram iniciados por pensadores que levaram seus semelhantes da labuta enfadonha para a tranquilidade e o conforto, do egoísmo para o altruísmo. O negro pode se regozijar pelo fato de suas mãos, diferentemente das de seu opressor, não estarem manchadas de tanto sangue extraído pela força bruta. A verdadeira história não é registro dos sucessos e dos fracassos, dos vícios, das loucuras e das disputas daqueles que se envolvem na luta por poder.

A Associação para o Estudo da Vida e da História Afro-Americanas foi criada com base em que não há nada no passado do negro que seja mais vergonhoso do que aquilo que se encontra no passado de outras raças. O negro é tão humano quanto os outros membros da família da humanidade. Como os outros, às vezes o negro esteve por cima e às vezes por baixo. Creditando-se a ele a domesticação de animais, a descoberta do ferro, o desenvolvimento de instrumentos de corda, o avanço nas belas-artes e a instituição do julgamento por júri, o negro se coloca como outros na contribuição para o progresso mundial.

O opressor, contudo, ergue sua voz para dizer o contrário. Ensina ao negro que seu passado é menos valioso, que sua raça não fez nada de importante desde o início dos tempos e que não existem evidências de que um dia atinja alguma coisa grandiosa. A educação do negro, então, deve ser dirigida com cuidado para que a raça não perca tempo tentando fazer o impossível. Leva o negro a acreditar nisso e assim controla seu pensamento. Se você pode, dessa for-

A DES-EDUCAÇÃO DO NEGRO   181

ma, determinar o que ele vai pensar, não precisará se preocupar com o que ele vai fazer. Não vai precisar mandar que
se dirija à porta dos fundos. Ele irá sem que lhe ordenem;
e se não houver porta dos fundos, ele vai providenciar para
que se produza uma em seu benefício especial.

Se você ensina ao negro que ele conquistou tanto
quanto qualquer outra raça, ele vai aspirar à igualdade e
à justiça sem distinção de raça. Tal esforço poderia afe-
tar o programa do opressor na África e na América. Então, apresente aos negros seus crimes e fracassos. Que ele
aprenda a admirar os hebreus, os gregos, os romanos e os
teutônicos. Faça-o detestar o homem de sangue africano
— odiar a si mesmo. O opressor pode então conquistar,
explorar, afrontar e até aniquilar o negro pela segregação
sem medo nem tremor. Escondendo-se a verdade, haverá
pouca expressão de um pensamento contrário.

O negro americano recebeu uma abundância de informações que outros tornaram acessíveis aos oprimidos,
mas ainda não aprendeu a pensar e a planejar por si mesmo, como esses outros fazem. Essa raça bem poderia ser
apresentada como o povo mais dócil e complacente da
Terra. Isso significa apenas que, quando os opressores começaram a enviar a ampla maioria da raça para servir
aos propósitos de seus traidores, a tarefa nos anos seguin-
tes se tornou tão fácil que eles tiveram poucos problemas
com as massas controladas desse modo. É um sistema
extremamente satisfatório e que se tornou tão popular
que as nações europeias dotadas de discernimento estão
enviando algumas de suas mentes mais brilhantes para os
Estados Unidos a fim de observarem o negro "em ação",
para aprenderem a lidar da mesma forma com os negros
de suas colônias. Aquilo que satisfez o negro americano
será bem aceito como a medida do que lhe será proporcionado em outros lugares. Alguns europeus veem a "solução do problema racial nos Estados Unidos" como uma
de nossas maiores realizações.

O negro des-educado se junta à oposição com a objeção de que o estudo do negro mantém vivas questões que deveriam ser esquecidas. O negro deveria parar de lembrar que um dia foi transformado em escravo, que vem sendo oprimido e até mesmo que é um negro. O traidor, contudo, sustenta diante do público os aspectos dessa história para justificar a atual opressão da raça. Pode parecer, então, que o negro deveria enfatizar ao mesmo tempo os aspectos favoráveis para justificar a ação em seu benefício. Não se pode culpar o negro por não querer que lhe lembrem de ser o tipo de criatura que o opressor vem representando como sendo o negro; mas essa atitude mostra a ignorância do passado e uma dependência subserviente ao inimigo para servir quem ele iria destruir. Só é possível fazer o negro ter orgulho de seu passado ao abordá-lo de maneira científica e ao apresentar sua história ao mundo. O que outros escreveram sobre o negro durante os três últimos séculos teve a finalidade de trazê-lo para onde ele está hoje e mantê-lo nesse lugar.

O método empregado pela Associação para o Estudo da Vida e da História Afro-Americanas, contudo, não é a propaganda espetaculosa nem a agitação incendiária. Nada se pode realizar dessa maneira. "Os deuses primeiro enlouquecem aqueles a quem querem destruir." O negro, seja na África ou na América, deve ser levado a um exame sério dos fundamentos da educação, da religião, da literatura e da filosofia, tal como lhe foram expostos. Deve ser esclarecido o bastante para determinar por si mesmo se essas forças chegaram a sua vida para abençoá-lo ou para abençoar o seu opressor. Depois de aprender sobre os fatos desse caso, o negro deve desenvolver o poder de execução para lidar com esses assuntos, como o fazem as pessoas de visão. Problemas de grande importância não podem ser solucionados num único dia. Questões de grande magnitude devem ser enfrentadas com planos de amplo alcance.

A Associação para o Estudo da Vida e da História Afro-Americanas está ensinando o negro a exercitar sua capacidade de olhar para a frente, e não em "retrospecto". A Libéria não pode esperar ser oferecida à Alemanha para perceber que tem poucos amigos na Europa. A Abissínia não pode esperar ser invadida pela Itália para que se prepare para a autodefesa. Um estudo científico do passado de nações modernas mostraria essas tendências egocêntricas como resultados inevitáveis de suas políticas para lidar com quem supostamente enaltecem. Por exemplo, grande parte da África foi conquistada e subjugada para salvar almas — como foi cara a salvação do negro! Um dos argumentos poderosos em favor da escravidão era que ela trouxera o negro para a luz da salvação. E, no entanto, o negro hoje está quase perdido.

A Associação para o Estudo da Vida e da História Afro-Americanas, porém, não tem um método especial para a solução do problema da raça, exceto aprender a pensar. Nenhum programa geral de ascensão dos negros em todo o mundo terá mais sucesso do que esse procedimento teria com membros de outras raças submetidos a condições distintas. O que pode ser útil para um negro no Alabama pode ser nocivo para outro no Maine.

O negro africano pode ter seu progresso retardado ao aplicar "métodos usados para a promoção do negro nos Estados Unidos". Um homem capaz de pensar, contudo, aprende a lidar de maneira sensata com as condições que encontra em vez de receber ordens de alguém que não sabe nada e pouco se importa com a sua condição. Na atualidade, o negro, tanto na África quanto na América, está sendo jogado de um lado para outro, de forma experimental, por supostos amigos que, no final das contas, o ajudam apenas a permanecer no escuro.

Na aplicação do programa de conduzir esses assuntos desapaixonadamente, a Associação disponibilizou o esboço de um estudo sistemático de como o negro influenciou a vida de outros e como os outros reagem a ele: o *The African Background Outlined: A Handbook* [A origem do negro delineada: um manual]. Esse livro foi escrito do ponto de vista da história, da literatura, da arte, da educação, da religião e do imperialismo econômico. Nos dezessete capítulos da primeira parte do livro, apresenta-se um breve resumo do passado africano; e cursos sobre "O negro na África", "O negro na mente dos europeus", "O negro nos Estados Unidos", "O negro na literatura", "O negro na arte", "A educação do negro", "O desenvolvimento religioso do negro" e "Imperialismo econômico" estão na segunda parte, com um comentário bibliográfico amplo para cada título e subtítulo desses esboços. Isso facilita a tarefa de associações, sociedades de jovens e turmas especiais organizadas, nas quais os opressores da raça e os negros que com eles colaboram determinaram que a história e a condição do negro não devem fazer parte dos currículos.

Nesse esboço não há animosidade, nada que provoque o ódio racial. A Associação não divulga essas publicações. O objetivo dessa organização é apresentar fatos de maneira científica, pois fatos adequadamente apresentados vão contar sua própria história. Não se pode obter nenhuma vantagem apenas inflamando a mente do negro contra seus traidores. De certa forma, eles devem ser cumprimentados por cuidarem tão bem de seus próprios interesses. O negro deve ficar com raiva de si mesmo porque não tem tratado de maneira sensata seus próprios assuntos. Em outras palavras, o negro deve aprender com outros a tomar conta de si mesmo nessa difícil provação. Não deve se contentar em pegar o que outros designaram para ele e que depois vêm disfarçados de amigos para submeterem até mesmo essas informações limitadas a outras interpretações equivocadas.

Apêndice
Muito barulho por um nome

Um participante que recentemente compareceu a um encontro de história queria saber como a raça devia ser chamada: *africanos, negros, pessoas de cor* ou o quê? Essa é uma questão que o preocupa muito porque ele espera assim resolver o problema da raça. Ele pensa que chegará ao objetivo desejado pegando um atalho se outros concordarem em chamar os negros de nórdicos. Pode parecer insano, mas há um bom número de negros "altamente instruídos" que acreditam ser possível conseguir isso mudando a terminologia; e eles gastam tempo e energia tentando efetuar essa mudança. Muitos dessa categoria sofrem mentalmente devido ao uso frequente de "expressões ofensivas" para se referir aos negros. Ao tratar desse tema, então, é preciso ser muito cuidadoso. Por isso nossos amigos de outras raças são obrigados a buscar orientação ao nos abordarem. Por exemplo, Lady Simon, esposa de Sir John Simon do Gabinete Britânico, há pouco tempo perguntou a um negro americano como seu povo preferia ser chamado, e mais tarde na Inglaterra abordou o mesmo tema com outro membro dessa raça. Sendo uma defensora da liberdade, ela escreve muitos textos para promover essa causa. Assim, não queria usar em seus trabalhos uma expressão que pudesse magoar outras pessoas.

Embora seja uma estudiosa de problemas sociais, essa mulher culta não consegue entender essa psicologia peculiar. Americanos também têm de confessar a dificuldade de compreendê-la, a menos que a "mente do negro altamente instruído" tenda a se preocupar com trivialidades, e não com os grandes problemas da vida. Já conhecemos negros que querem uma Associação Cristã de Moços, ou de Moças, segregada, uma igreja e uma escola segregadas, mas que são contrários a usar termos como *de cor* ou *negra* para se referir à instituição. Esses segregacionistas estão comprometidos por princípio, mas não se dispõem a reconhecer seu crime perante a justiça. O nome, acreditam eles, vai salvá-los da desgraça.

Não importa tanto como a coisa é chamada, mas sim o que ela é. O negro não deixaria de ser o que é se fosse chamado de outra coisa; mas, se vai lutar e ter sucesso por iniciativa própria e contribuir para a cultura moderna, o mundo deve aprender a vê-lo como um americano, e não como um elemento subdesenvolvido da população.

As palavras *negro* ou *preto* são usadas em referência a esse elemento em particular porque a maioria das pessoas descendentes de africanos nativos se aproxima dessa cor. O termo não implica que todo negro seja preto; e a palavra branco não significa que todo homem branco seja de fato branco. Os negros podem ser *de cor*, mas muitos caucasianos são cientificamente classificados dessa forma. Além disso, nem todos nós somos africanos, pois muitos não nascemos na África; e nem todos somos afro-americanos, porque poucos de nós são nativos da África transplantados para a América.

Não se ganha nada fugindo do nome. Os nomes de quase todas as raças e nações já denotaram insignificância e baixa condição social. Anglos e saxões, quando escravizados pelos romanos, vivenciaram isso; e mesmo o nome dos gregos, por algum tempo, não significou nada mais do que isso para esses conquistadores do mundo. As pessoas portadoras desses nomes, contudo, fizeram com que eles se tornassem grandiosos e ilustres. O negro deve aprender a fazer o mesmo.

APÊNDICE

Também é estranho que, enquanto o negro tem vergonha de seu nome, pessoas de outros países em geral não pensem nele nesse sentido. Na Europa, de fato se encontram alguns caribenhos e negros americanos com algum sangue caucasiano que não querem ser vistos como negros. Em geral, porém, um europeu com sangue negro africano sente orgulho de sua herança racial e tem prazer em ser descrito dessa forma. Este autor viu um exemplo marcante disso em Londres com a neta de um chefe zulu. Ela é tão distante do tipo africano que poderia facilmente ser vista como espanhola; no entanto, ela só valoriza sua conexão africana e se inspira principalmente na história de seu povo além dos Pilares de Hércules.

Este autor também teve uma surpresa agradável alguns dias depois quando conheceu um parisiense importante que tinha a mesma atitude. Ele já escreveu vários volumes em que defende a causa do negro porque tem nas veias o mesmo sangue. Uma mulher europeia de classe abastada, filha de um holandês e de uma africana, é igualmente obcecada por seu sangue negro. A primeira coisa que ela mencionou ao conversar com este autor foi sua mãe negra. Essa jovem expressou o lamento por não ser mais preta para que também pudesse dizer, como os membros de certos grupos da África: "Sou negra e graciosa. Sou negra e linda. Sou lindamente negra".

Essas pessoas o surpreendem quando você pensa na atitude de muitos negros americanos sobre essa questão. Essas pessoas racialmente conscientes podem pensar, mas é raro que o negro americano se permita esse exercício. Ele vem deixando que outros povos determinem a atitude que ele tem em relação ao seu próprio povo. Isso significa a escravização de sua mente e, no final, de seu corpo.

Alguns europeus preferem enxergar a palavra negro como romântica. Caminhando agora pelas ruas de Paris, veem-se propagandas de lugares como "l'Elan Noir" [O impulso negro] e "Café au Nègre de Toulouse" [Café ao negro de Toulose]. Em um desses exemplos este autor foi especialmente atraído pelo "Choppe du Nègre" [Caneca do negro] e foi almoçar lá um dia. A cozinha era excelente, a música tocada pela orquestra era encantadora e um público alegre foi lá se divertir. Mas ele era o único *nègre* presente. Caminhando por uma rua de Genebra, não muito tempo atrás, a atenção deste autor foi atraída por uma coisa desse tipo, e ainda mais significativa. Era uma cafeteria chamada "A La Case de l'Oncle Tom" [A cabana do tio Tom]. Ele entrou e perguntou: "Por que vocês deram um nome desses a este estabelecimento?". O proprietário riu e explicou que seu pai, François Prudhom, que tinha lido *A cabana do pai Tomás* e ficara profundamente impressionado com o livro, escolheu esse nome quando abriu a cafeteria em 1866.

Apêndice
O valor da cor

Não faz muito tempo, este autor viu num bonde uma das mulheres mais lindas do mundo. Era uma mulher perfeitamente negra, vestida de maneira adequada com um traje de cor cinza e adornos recatados, que harmonizavam com a sua pele. Era naturalmente uma figura majestosa, sem nenhum esforço para agradar os outros, pois sua postura era tal que não podia deixar de atrair atenção. Ele não conseguiu evitar contemplá-la e, olhando em volta para ver se outros tinham sido igualmente atraídos, percebeu que os brancos do vagão também a admiravam, a ponto de fazerem comentários entre si.

A perspicácia dessa mulher, manifesta em saber se vestir, tinha feito de sua cor um benefício, e não uma desvantagem. Então este autor se lembrou, é claro, daquele grupo na África que se sente excepcionalmente orgulhoso por ser negro. Dizem que são tão preocupados em serem negros que, se percebem um deles com uma tendência a se afastar o mínimo que seja de sua cor, vão ao coração da floresta, extraem a tintura mais escura e com ela pintam o rosto do nativo para que ele continue perfeitamente negro.

Aqui nos Estados Unidos, porém, temos vergonha de ser negros. Muitos de nós que são de fato negros passam talco no rosto e se tornam azuis. Ao fazê-lo, nos tornamos quase hediondos pela macaqueação servil daqueles à nossa volta ao acompanhá-los em nosso hábito da imitação. Deixamos de nos valorizar pelo que de fato merecemos e não realizamos plenamente o nosso potencial.

Mostramos falta de gosto ao escolher nossas roupas. Ansiamos pelo que outros usam, quer isso se harmonize ou não com a nossa cor. Já eles prestam uma atenção especial ao estilo de acordo com a sua raça, e escreveram livros sobre isso. Pensando, porém, que o negro não deve usar senão o que o pobre pode pegar, os artistas não pensaram seriamente sobre ele. Assim, tanto professores quanto alunos de escolas próximas pedem, com essa preocupação, repetidamente ajuda no estudo do design com respeito ao negro, mas não temos nada de científico para lhes oferecer. Não temos uma equipe de artistas capaz de trabalhar nessa esfera.

Para sermos capazes de atender a essa necessidade, precisamos do esforço mais meticuloso para compreendermos as cores e seus esquemas. É uma tarefa muito difícil por causa da variação de cor entre os membros da raça. Às vezes, numa família de dez, dificilmente se encontram dois do mesmo tom. Vestir todos da mesma forma pode ser econômico, mas com isso o mundo perde essa porção de beleza. A mãe negra, então, precisa ser uma verdadeira artista, e as escolas que agora preparam os jovens para serem os pais de amanhã devem prestar tanta atenção a essas coisas estéticas quanto o fazem em relação à linguagem, à literatura ou à matemática.

Ao não se preocupar em se conhecer melhor desse ponto de vista, o negro está cometendo um erro dispendioso. Ele deveria atentar profundamente para as possibilidades estéticas de sua condição. Na assim chamada raça negra, temos as pessoas mais bonitas do mundo quando se vestem em harmonia com os muitos tons e as muitas cores com que foram tão profusamente contempladas. Por que precisamos ir tão longe para encontrar o que já temos em nossas mãos?

Recentemente se viu em Washington uma demonstração do valor da cor quando o conclave maçônico realizou um imenso desfile na capital do país. Os brancos foram

APÊNDICE

atraídos por esses negros respeitáveis e excepcionais vestidos com roupas orientais. Isso, porém, foi acidental. A cor dos negros por acaso era oriental, e as cores desse tipo foram originalmente elaboradas para harmonizar com as pessoas desses lugares. O branco pálido dos caucasianos não harmoniza com esses trajes. Por que, então, deveria o negro se preocupar com o que outros vestem?

Levando a imitação de outros ao extremo nos dias de hoje, não avançamos muito em relação aos negros do período anterior à Guerra Civil, que, incapazes de se vestirem por si mesmos, tinham que pegar o que outros jogavam para eles. Damos um espetáculo hediondo, então, quando usamos uniformes de desfile em nosso ambiente social. Tantos de nós trajando roupas com cores inconvenientes ficam parecendo cavalos de estimação ornamentados que ganham uma hora, mais ou menos, de liberdade.

Reconhecendo o valor da cor, artistas de cidades europeias estão tentando mudar seu matiz para o das pessoas de cor. Eles conseguem perceber como o branco pálido é inexpressivo e tentam fazer uso daquilo que estamos tentando ocultar. Os modelos em suas lojas são propositadamente negros para de fato mostrar os belos trajes que exigem cor. Alguns desses brancos europeus dizem abertamente aos negros como invejam sua cor.

Não surpreende, então, encontrar cafés e hotéis europeus que empregam negros americanos ou africanos para fornecer essa cor que falta a eles. Retratos desses homens negros são por vezes exibidos com grande sucesso. O de Josephine Baker enfeita as vitrines de grandes lojas em Paris. Também aqui nos Estados Unidos observamos que os centros de arte estão igualmente se afastando do branco pálido para desfrutar da riqueza da cor.

Recentemente, este autor se sentiu um tanto encorajado ao conversar com uma senhora de Washington que dirige a Pandora, um estabelecimento singular dedicado à moda. Ao ser indagada sobre como estava avançando em seu esforço para ensinar pessoas de cor a usarem o que combinasse com elas, ela relatou estar tendo um sucesso considerável. Por vezes fregueses insistem em comprar roupas inadequadas, mas em geral ela consegue mostrar como isso é insensato, e a maioria agora aceita seu conselho.

Desse modo, essa empreendedora não está apenas à frente de um negócio pioneiro, mas prestando um serviço social. Ela não teve nenhuma preparação especial na escola, mas, por iniciativa própria, está se baseando no que aprendeu estudando os negros de sua comunidade. Outros de nós deveriam fazer a mesma coisa se quisermos tentar ajudar o negro em vez de explorá-lo.

Esta obra foi composta em Sabon por Alexandre Pimenta
e impressa em ofsete pela Geográfica
sobre papel Pólen Soft da Suzano S.A.
para a Editora Schwarcz em março de 2021

A marca FSC® é a garantia de que a madeira utilizada na fabricação do papel deste livro provém de florestas que foram gerenciadas de maneira ambientalmente correta, socialmente justa e economicamente viável, além de outras fontes de origem controlada.